2017中国零售业发展报告

王耀◎主编

中国商业联合会

中华全国商业信息中心

中国统计出版社
China Statistics Press

图书在版编目(CIP)数据

中国零售业发展报告. 2017 / 王耀主编. —— 北京 : 中国统计出版社，2017.11

ISBN 978－7－5037－8407－1

Ⅰ. ①中… Ⅱ. ①王… Ⅲ. ①零售业－经济发展－研究报告－中国－2017 Ⅳ. ①F724.2

中国版本图书馆 CIP 数据核字(2017)第 266059 号

2017 中国零售业发展报告

作　　者/王　耀　主编
责任编辑/王立群
装帧设计/杨　超　李雪燕
出版发行/中国统计出版社
办公地址/北京市丰台区西三环南路甲 6 号　邮政编码/100073
电　　话/邮购(010)63376909　书店(010)68783171
网　　址/http://www.zgtjcbs.com
印　　刷/河北鑫宏源包装印刷有限公司
经　　销/新华书店
开　　本/787×1092mm　1/16
字　　数/160 千字
印　　张/11
版　　别/2017 年 11 月第 1 版
版　　次/2017 年 11 月第 1 次印刷
定　　价/50.00 元

《2017中国零售业发展报告》

编 委 会

前　　言

2016年，在世界主要经济体增长乏力，全球整体需求不足的背景下，我国在以习近平同志为核心的党中央坚强领导下，坚持稳中求进的工作总基调，坚定推进供给侧结构改革，加快推动新旧动能转换，国民经济运行缓中趋稳、稳中向好，国内生产总值同比增长6.7%，实现了“十三五”良好开局。

经济增速虽较上年有所放缓，但增长质量明显提高。最终消费对经济增长的贡献率达到64.6%，服务业在我国经济中的主体地位进一步巩固，旅游、文化、体育、健康、养老等一批新经济增长点快速发展。“去库存”效果明显，规模以上工业企业利润由负转正，高技术制造业占比持续提升，工业品出厂价格结束长达54个月的负增长。民间固定资产投资增速大幅回落情况得到遏制，投资需求在下半年有所回暖。出口降幅与上年持平。

2016年，我国消费品市场保持平稳较快增长。社会消费品零售总额同比增长10.4%，汽车、石油及制品消费需求回升明显，家电、家具、装潢材料等商品在房地产市场快速增长的带动下保持较快增长。居民消费需求继续呈现出明显的升级趋势，服务类消费快速增长，高品质商品更受青睐，物价上涨幅度有所扩大。消费圈层化特征明显，差异化、多元化的价值观和消费观决定了我国零售业将继续朝着升级化、多层化、个性化的方向发展。

2016年，我国传统大型零售企业增速放缓压力依然较大，电商即将告别流量红利阶段，零售商下一步的竞争重点是线上线下融合、提升品质、增强体验、提高消费者对零售品牌的忠诚度。为此，一些零售商的经营模式和商业环境开始由单一型向生态化转变：通过售卖“生活方式”，打造圈层消费文化；通过融合物流、金融、信息、社交等生产服务企业，让消费者在每一个环节获得更多、更专业的服务。

2016年，我国消费品市场主要特征可以概括为“新消费、新零售和新生态”。从居民消费情况来看，我国消费升级特征明显，服务类消费支出占比进一步提升，网购消费从低价消费向高性价比品牌消费转变。从零售业改变千店一面的情况来看，针对不同收入水平的消费需求，以及多元化的消费特点，零售商逐步实现分层化、圈层化发展。从商业环境来看，零售业态打破了过去追求单一规模效益的发展思路，丰富商品品类，实现多业态协同并进，呈现出生态化的发展特点。

展望2017年，从经济发展的角度来看，我国仍将应对复杂严峻的全球经济政治局面，继续采取积极有效的财政政策和稳健中性的货币政策，继续深化供给侧改革，依靠创新推动新旧动能转换，降低国际不利因素对国内经济的负面影响，确保经济平稳健康发展。

从零售市场来看，我国零售业将继续加强供给侧改革，推动创新转型。一是应对消费升级趋势，增加多样化的服务业态，提供更多高质量的刚需商品；二是针对消费圈层化特征，明确品牌定位，培育忠实的消费群体；三是积极利用科技，带给消费者新的体验，提升企业运营效率；四是坚持文化自信，将商圈文化、区域文化和中国传统文化融入在商品及商业场景中，打造更具中国特色的世界级零售品牌。

目　　录

第一部分　2016年我国宏观经济运行情况

一、经济增速平稳放缓至6.7%

2016年，国内生产总值744127亿元，较上年实际增长6.7%，增速放缓0.2个百分点。其中前三季度同比增速均为6.7%，第四季度增长6.8%。总的来说，全年经济平稳运行。

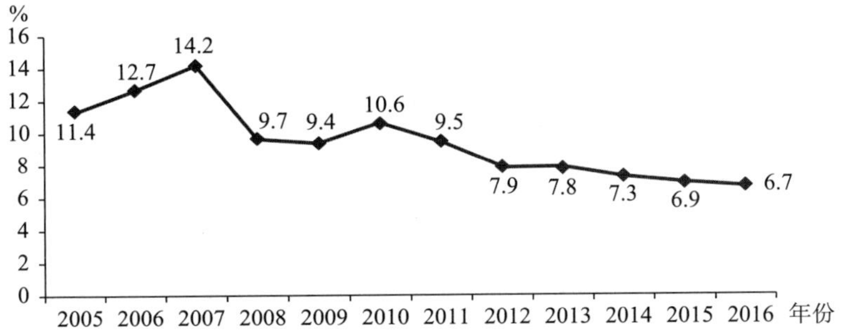

图1　2005-2016年我国GDP实际增速

数据来源：国家统计局

二、最终消费对经济增长的贡献率超过60%

2016年，最终消费对经济增长的贡献率为64.6%，较上年提高

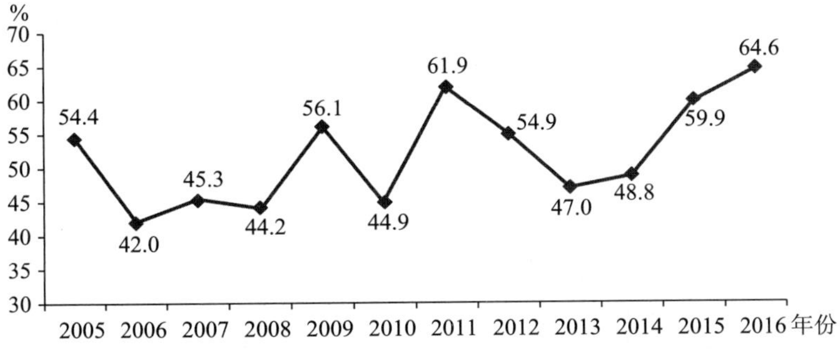

图2　2005-2016年我国最终消费支出对经济增长贡献率

数据来源：国家统计局

4.7 个百分点，是 2001 年以来最高。服务业在我国经济中的地位进一步提升，第三产业占国内生产总值的比重达到 51.6%，较上年提高 1.4 个百分点。

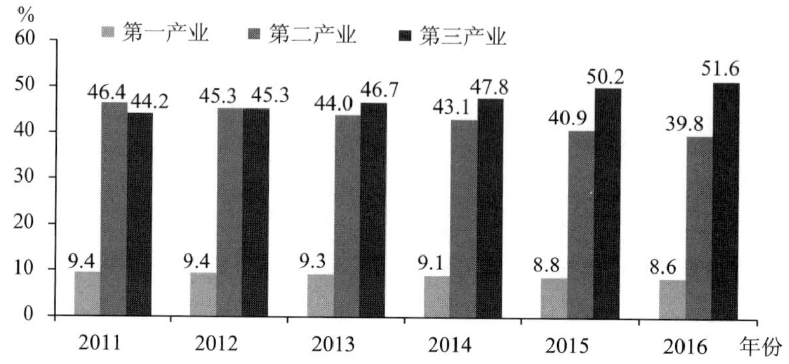

图 3　2011-2016 年我国三次产业增加值占 GDP 比重

数据来源：国家统计局

三、固定资产投资增速逐步企稳

2016 年，我国全社会固定资产投资名义增速为 7.9%，增速较上年放缓 1.9 个百分点，民间固定资产投资增速放缓至 3.2%，增速较上年放缓 6.9 个百分点。

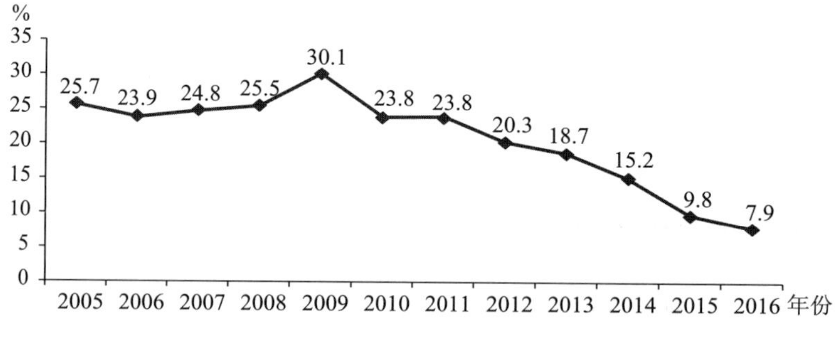

图 4　2005-2016 年我国全社会固定资产投资名义增速

数据来源：国家统计局

尽管全年增速持续放缓，但从各月情况来看，固定资产投资及民间固定资产投资从 8 月份开始出现回暖。

2016 年，在销售快速增长的带动下，房地产开发投资回升幅度较大。其中，商品房销售面积同比增长 22.5%，增速较上年大幅提高 16 个百分点，是 2010 年以来的最高增速；房地产开发投资同比增长

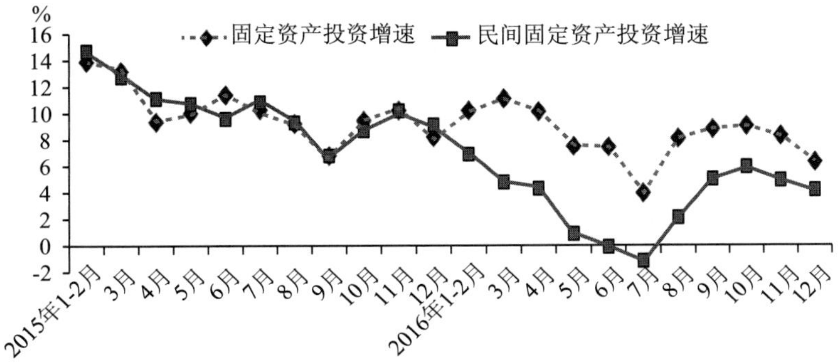

图 5　2015-2016 年我国固定资产及民间固定资产各月投资增速

数据来源：根据国家统计局数据测算

6.9%，增幅较上年扩大 5.9 个百分点。房地产业增加值同比实际增长 8.6%，增速较上年提高 5.4 个百分点；对经济名义增长的贡献率达到 11.7%，较上年提高 3.4 个百分点。

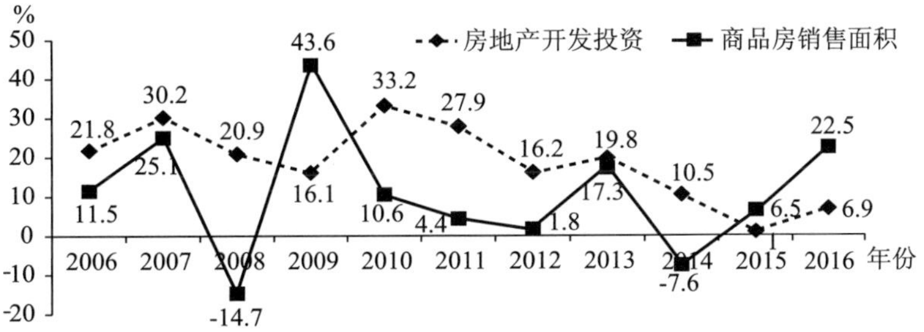

图 6　2006-2016 年我国房地产开发投资及商品房销售面积增速

数据来源：国家统计局

四、出口降幅与上年持平

2016 年，我国货物出口额实现 138455 亿元，同比下降 1.9%，降

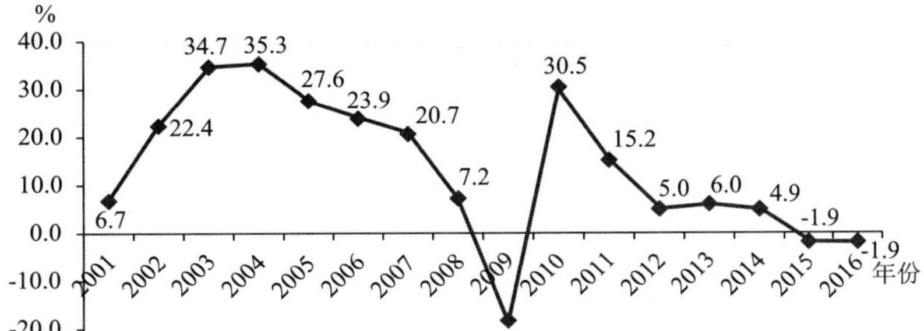

图 7　2001-2016 年货物出口总额（人民币）同比增速

数据来源：国家统计局

幅与去年持平。其中，对"一带一路"沿线国家出口额 38319 亿元，同比增长 0.5%。

五、规模以上工业企业效益提升

2016 年，我国规模以上工业增加值同比增长 6.0%，较上年略微放缓 0.1 个百分点，增速放缓幅度为 2011 年以来最低。与 2015 年相比，2016 年工业企业效益明显好转，规模以上工业企业利润比上年增长 8.5%，扭转了 2015 年利润负增长的局面。工业增长质量进一步提升，六大高耗能行业增加值同比增速降至 5.2%，较上年放缓 1.1 个百分点，高技术制造业增加值同比增长 10.8%，增速加快 0.6 个百分点，占规模以上工业比重为 12.4%，比上年提高 0.6 个百分点。

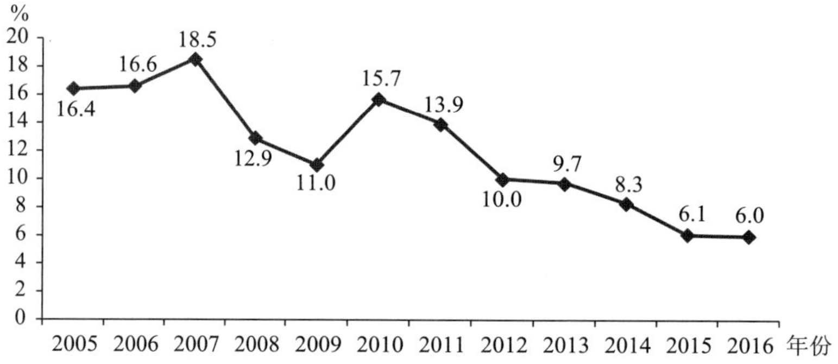

图 8　2005-2016 年规模以上工业增加值同比增速

数据来源：国家统计局

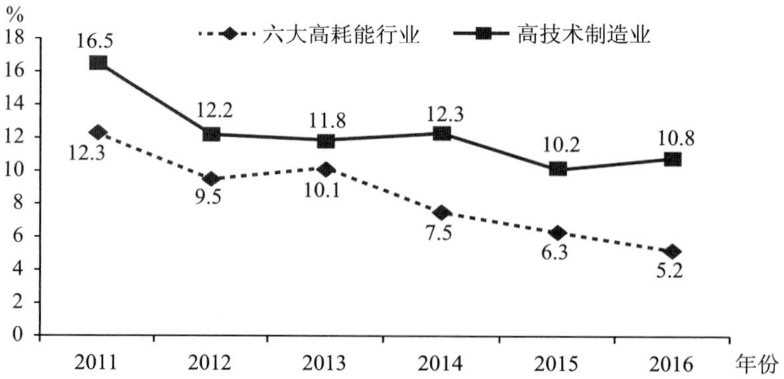

图 9　2011-2016 年规模以上高耗能和高技术制造业增加值同比增速

数据来源：国家统计局

六、食品类居民消费价格连续多年增长

2016 年，我国居民消费价格同比上涨 2.0%。其中，食品价格上涨 4.6%，非食品上涨 1.4%，消费品价格上涨 1.9%，服务价格上涨 2.2%。2016 年，商品零售价格指数（RPI）同比增长 0.7%，增速较上年加快 0.6 个百分点。工业品出厂价格指数（PPI）同比下降 1.4%，降幅较上年大幅收窄 3.8 个百分点。

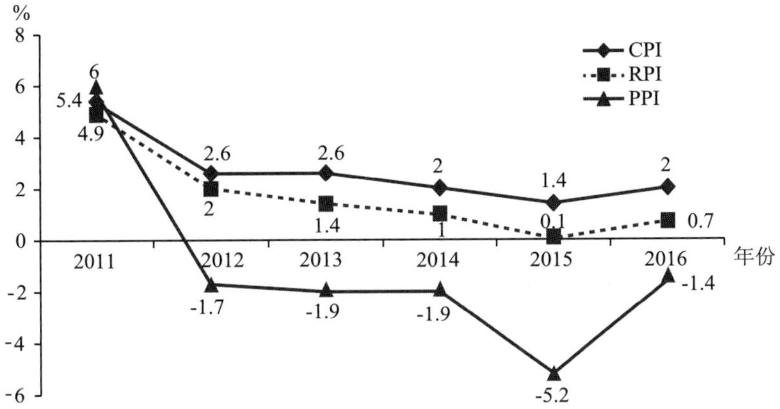

图 10　2011-2016 年 CPI、RPI、PPI 增速

数据来源：国家统计局

其中，9 月份 PPI 同比增长 0.1%，结束了连续 54 个月的同比负增长，并在 12 月份增速回升至 5.5%。与 PPI 下半年的强势回升相比，CPI 和 RPI 增速回暖幅度均相对较小。

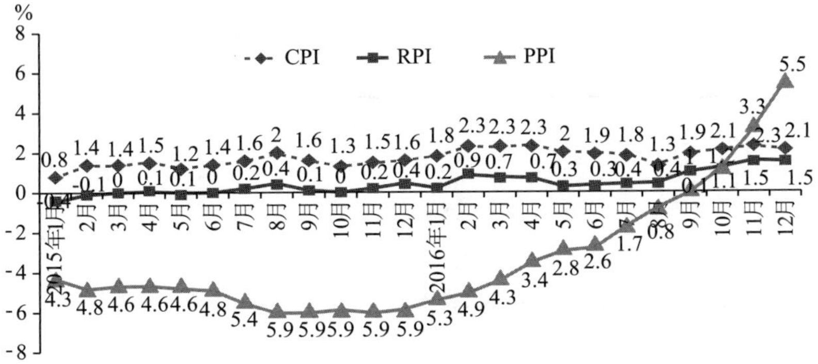

图 11　2015-2016 年 CPI、RPI、PPI 分月同比增速

数据来源：国家统计局

从居民消费价格来看，值得注意的是，近年以来我国食品类物价连续多年同比增长，根据计算，近十年我国食品类居民消费价格累计增长 87.5%。除 2009 年和 2015 年以外，2007-2016 年其余年份食品价格涨幅均在 3%以上。

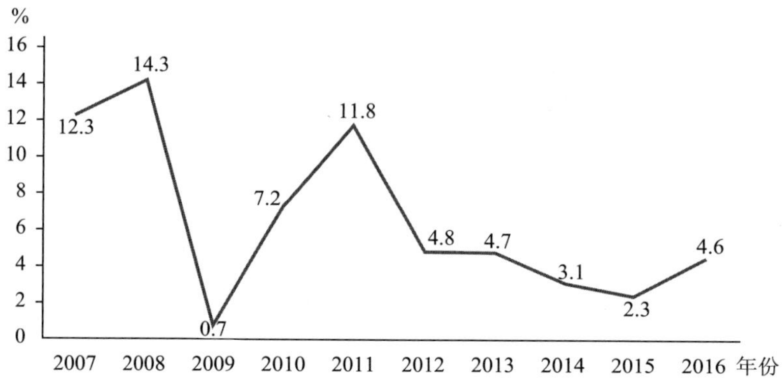

图 12　2007-2016 年我国食品类 CPI 涨幅

数据来源：国家统计局

七、人均可支配收入增速放缓

2016 年居民人均可支配收入实际增速为 6.3%，增速较上年放缓 1.1 个百分点，虽然略低于 GDP 总量增速，但人均 GDP 实际增速为 6.1%，因此人均可支配收入实际增长还是快于人均 GDP 增长。

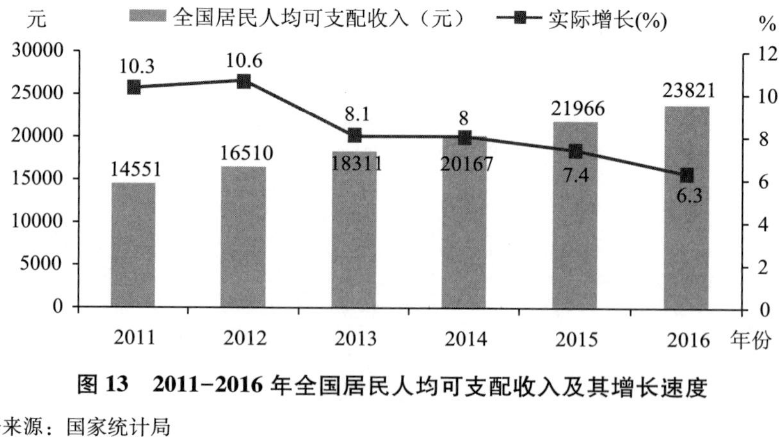

图 13　2011-2016 年全国居民人均可支配收入及其增长速度

数据来源：国家统计局

第二部分　2016 年我国消费品市场运行情况

一、2016 年我国消费品市场运行分析

2016 年，我国消费品市场同比增长 10.4%，增速放缓幅度是 2011 年以来最低，仅为 0.3 个百分点。消费品市场之所以能保持较快增长，主要原因有以下几点：一是居民消费价格涨幅回升；二是汽车市场在购置税减半的政策刺激下，消费提前释放；三是大宗商品价格上涨，石油市场回暖；四是商品房销售面积增速达到 2010 年以来最高，带动相关商品销售快速增长。

另一方面，我国消费品市场压力依然较大：扣除价格因素，实际增速已回落至 10%以下；网上实物零售额增速放缓至 25.6%，电商人口红利逐渐消减；餐饮收入增长 10.8%，增速三年来首次放缓；乡村消费品市场增速放缓幅度大于城镇，两者增速差距缩小至 0.5 个百分点；大型零售企业增速继续下滑，但下半年增速有所回升。

从我国消费品市场呈现出的主要现象和发展趋势来看，近两年随着我国居民收入水平的提高和国民富裕程度的整体提升，我国消费从物资消费转向健康、财产增值、尊严、体面、社交圈层等方面消费的特点非常突出，且从各主要商品市场销售情况来看，都不同程度地体现出了这种特点，如服装市场中体育户外休闲类服装设备快速发展（健康）、家纺市场中越来越崇尚“大家居”概念（生活方式）、洗护市场对产品成分纯天然无化学成分的追求（健康）、智能家电的蓬勃发展（科技感）、进口、旅游食品快速增长（生活质量、社交圈层），以及整体消费品市场对购物环境颜值的要求（尊严体面）、商品房乃至车位等家庭资产的热销（财产增值）等，都反映出我国社会消费的这种转变。

（一）消费品市场名义增速平稳放缓至 10.4%

2016 年，我国消费品市场增速进一步放缓。全年社会消费品零售

总额实现 332316 亿元，同比名义增长 10.4%，增速较上年放缓 0.3 个百分点。扣除价格因素实际增长 9.6%，增速放缓 1 个百分点。

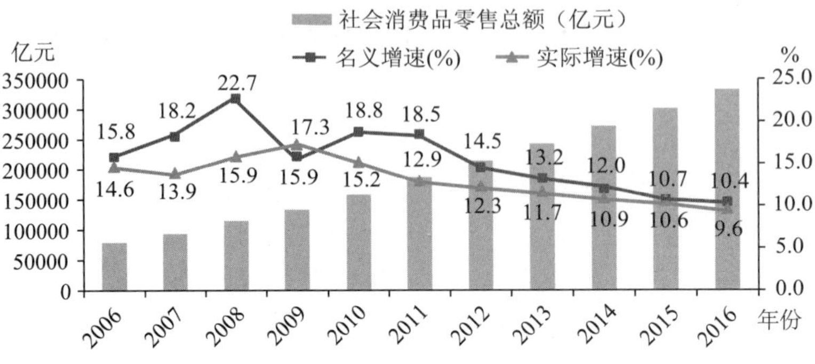

图 1　2006-2016 年我国社会消费品零售总额同比增速

数据来源：国家统计局

从各月增速情况来看，2015 年 10 月至 2016 年 4 月，2016 年 8 月至 2016 年 12 月，这两个时间段商品零售价格指数涨幅较快，在此影响下社会消费品零售总额的名义增速与实际增速的差距也在不断扩大。

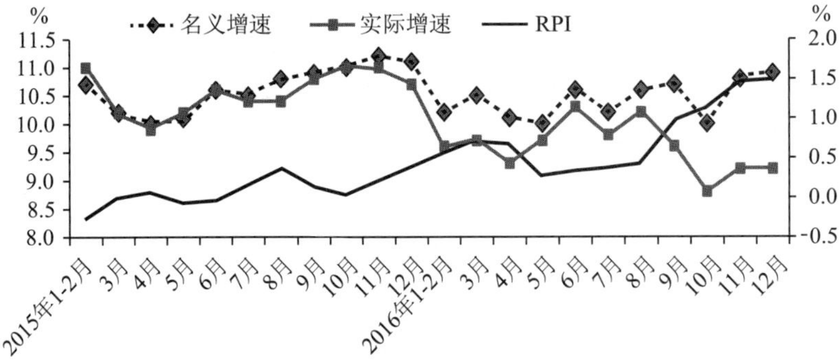

图 2　2015-2016 年各月我国社会消费品零售总额和 RPI 增速

数据来源：国家统计局

（二）网络消费增速持续放缓

2016 年全国网上零售额 51556 亿元，比上年增长 26.2%，增速较 2015 年放缓 7.1 个百分点。其中，网上实物商品零售额 41944 亿元，同比增长 25.6%，增速虽较 2015 年放缓 6 个百分点，但仍高于实体店零售额增速 17.1 个百分点。网上实物商品零售额占社会消费品零售总额的 12.6%，该比重较 2015 年提高 1.8 个百分点。

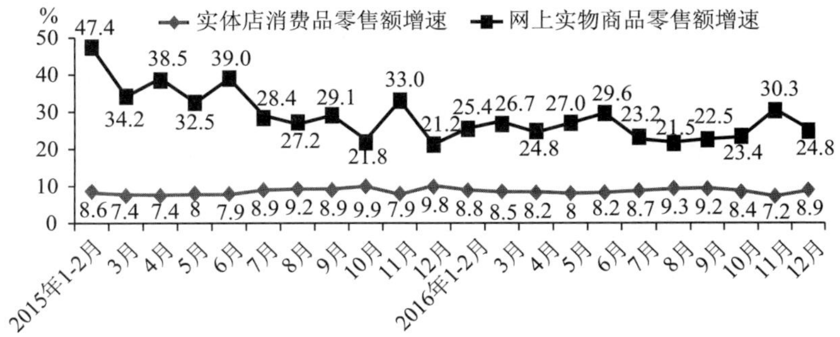

图3　2015-2016年各月我国实体店零售额和网上实物零售额增速

数据来源：根据国家统计局数据测算

(三) 乡村消费品市场增速放缓幅度较大

2016年，城镇消费品零售额285814亿元，同比名义增长10.4%，增速较上年放缓0.1个百分点；乡村消费品零售额46503亿元，增长10.9%，增速较上年放缓0.9个百分点。

扣除价格因素，城镇消费品零售额实际增长8.1%，增速较上年回落0.8个百分点；乡村消费品零售额实际增长8.8%，增速较上年回落1.6个百分点。

2016年，城镇消费品零售额占社会消费品零售总额比重为86%，较上年略降0.1个百分点。

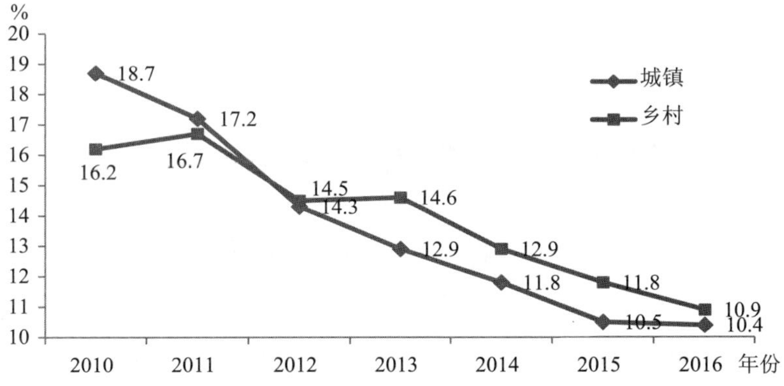

图4　2010-2016年我国城镇、乡村消费品零售总额名义增速

数据来源：国家统计局

(四) 餐饮市场同比增长基本平稳

2016年，我国餐饮收入达到35799亿元，同比增长10.8%，增速较上年放缓0.9个百分点。其中，限额以上餐饮收入同比增长6%，增速放缓 1 个百分点，限额以下餐饮收入同比增长 12.6%，增速放缓 0.9 个百分点。

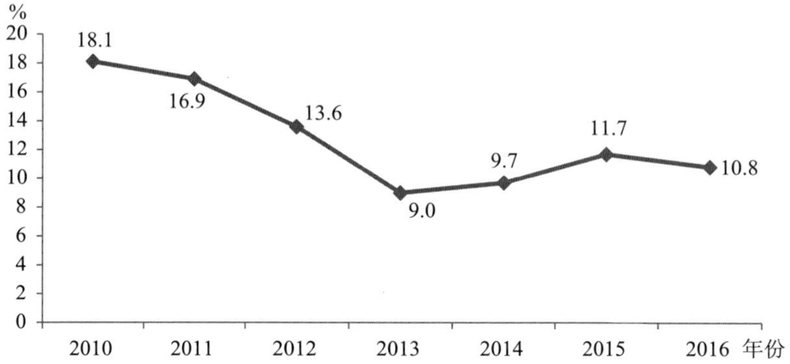

图 5　2010–2016 年我国餐饮收入增速

数据来源：国家统计局

餐饮行业自 2014 年以来的快速回暖主要得益于居民收入水平的稳步提升、大众餐饮的快速增长、零售商大幅提高餐饮业态比重，以及“互联网+”餐饮的外卖业务快速发展。但另一方面，我国餐饮市场的竞争程度日益激烈，同质化日趋严重，当前大众餐饮市场缺乏足够的创新和高品质的服务来满足年轻一代消费者对在外就餐的期待，这些问题都会影响我国餐饮业的快速发展。

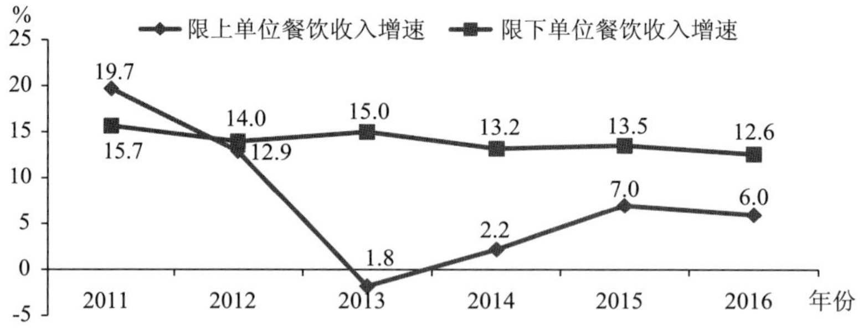

图 6　2011–2016 年限额以上和限额以下餐饮收入增速

数据来源：根据国家统计局数据测算

2016 年，我国餐饮收入占社会消费品零售额比重上升至 10.8%，较上年提高 0.1 个百分点，基本回到 2012 年的水平。餐饮收入对消费品市场增长的贡献率达到 11.1%，拉动社会消费品零售总额增长 1.2 个百分点。

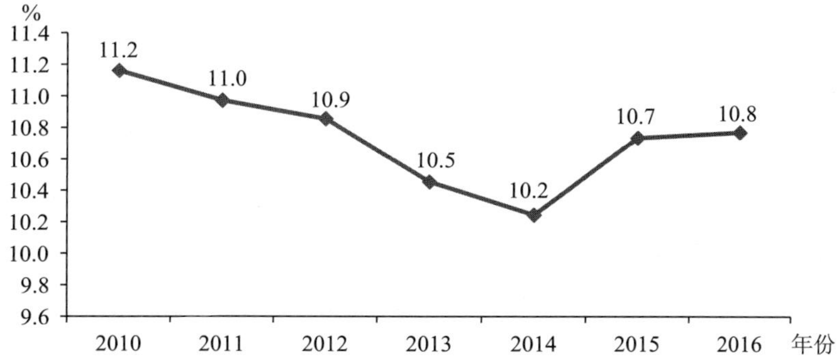

图 7　2010-2016 年我国餐饮收入占社会消费品零售总额比重

数据来源：根据国家统计局数据测算

（五）大型零售企业下半年增速回升

2016 年，我国大型零售企业销售增速持续放缓，下半年市场情况有所好转。根据中华全国商业信息中心的统计数据，2016 年我国百家

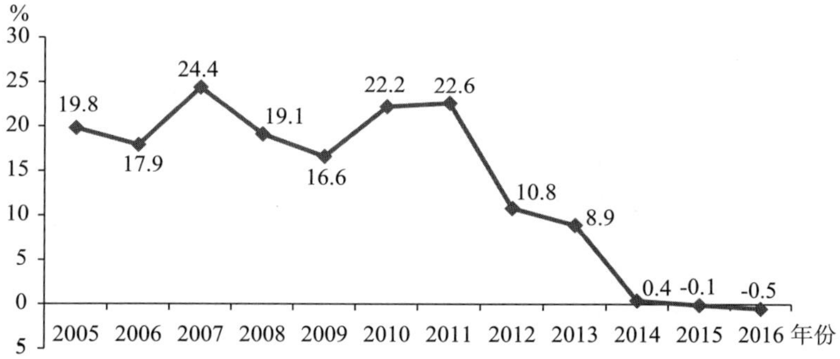

图 8　2005-2016 年百家大型零售企业零售额增速

数据来源：中华全国商业信息中心

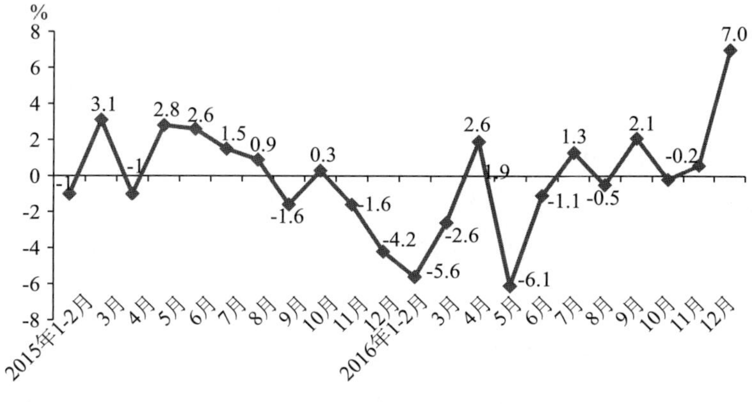

图 9　2015-2016 年百家大型零售企业零售额各月增速

数据来源：中华全国商业信息中心

重点大型零售企业零售额同比小幅下降 0.5%，其中，4 月份、7 月份、9 月份和 12 月份零售额实现同比正增长，12 月份百家重点大型零售企业零售额增速高达 7%。

（六）汽车和石油消费增速加快

2016 年，在同期基数较低和购置税减半的政策利好下，我国限额以上汽车商品零售额实现 40372 亿元，同比增长 10.1%，增速较上年提高 4.8 个百分点。限额以上石油及制品商品零售额实现 18697 亿元，同比增长 1.2%，增速较上年加快 7.8 个百分点。两者合计占社会消费品零售总额的 17.8%，拉动消费品市场增长 1.3 个百分点，较 2015 年提高 1.1 个百分点。

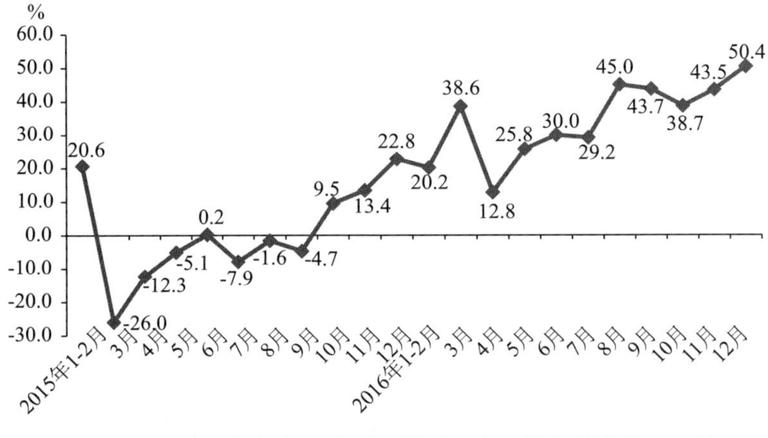

图 10　2015-2016 年汽车石油对限额以上商品零售额增长的贡献率

数据来源：根据国家统计局数据测算

根据国家统计局数据测算，汽车和石油及制品对限额以上商品零售额增长的贡献率正是从 2015 年 10 月开始由负转正，到 2016 年 12 月两者贡献率高达 50.4%。

另外，根据罗兰贝格与易车联合发布的《2015 年中国汽车消费者洞察报告》显示，“85 后”已成为当前的购车主力。这部分消费群体具有较高且稳定的收入来源，且购车目的从商务需求、代步需求向运动休闲、家庭出游等多样化需求转变。从近年的市场趋势也可以发现，SUV 和 MPV 车型的市场占有率快速提高，轿车的市场占有率不断下降，表明汽车市场受消费升级影响，在向功能化、个性化转变。

（七）房地产相关商品消费保持较快增长

自2015年6月份起，我国商品房销售面积增速开始回升，2016年全年商品房销售面积同比增长高达22.5%，是2010年以来的最高增速。在房地产市场的带动下，家电、家具、装修市场继续保持较快增长，三者限额以上单位商品零售额在2015年分别增长11.4%、16.1%和18.7%的基础上，再实现8.7%、12.7%和14%的增长，对限额以上单位商品零售额增长的贡献率持续提升。扣除汽车和石油及制品后，家用电器和音响器材、家具、建筑及装潢材料对限额以上商品零售额增长贡献率分别为10%、4.4%和5.8%，较2015年分别提高0.9、0.8和0.6个百分点，贡献率合计超过20%。

表1　2015年、2016年限额以上单位分类别商品零售额增速及变动情况

类　别	2015年增速（%）	2016年增速（%）	2016年比2015年增减（百分点）
粮油食品、饮料烟酒	14.6	10.5	-4.1
服装鞋帽、针纺织品	9.8	7	-2.8
化妆品	8.8	8.3	-0.5
金银珠宝	7.3	0	-7.3
日用品	12.3	11.4	-0.9
家用电器和音像器材	11.4	8.7	-2.7
中西药品	14.2	12	-2.2
文化办公用品	15.2	11.2	-4
家具	16.1	12.7	-3.4
通讯器材	29.3	11.9	-17.4
石油及制品	-6.6	1.2	7.8
汽车	5.3	10.1	4.8
建筑及装潢材料	18.7	14	-4.7

数据来源：国家统计局

二、2016年我国消费品市场主要特点

2016年，我国消费品市场主要特征可以概括为“新消费、新零售和新生态”。从居民消费情况来看，我国消费升级特征明显，服务类消费支出占比进一步提升，网购消费从低价消费向高性价比品牌消费转

变。从零售业改变千店一面的情况来看，针对不同收入水平的消费需求，以及多元化的消费特点，零售商逐步实现分层化、圈层化发展。从商业环境来看，零售业态打破了过去追求单一规模效益的发展思路，丰富商品品类，实现多业态协同并进，呈现出生态化的发展特点。

（一）居民消费呈现圈层化特征

1. 纵向圈层

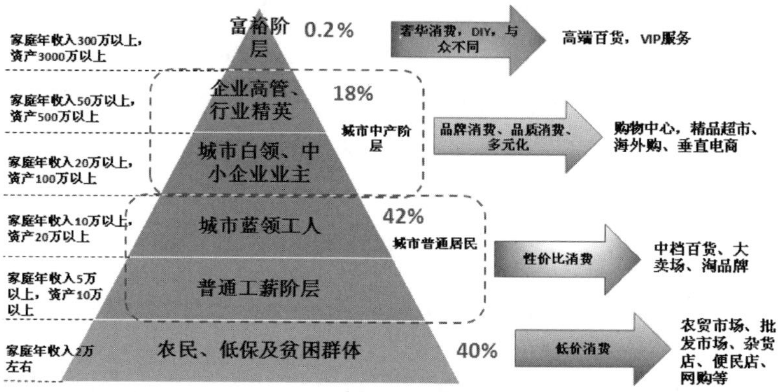

图 11　我国消费纵向圈层

数据来源：参考西南财经大学与中国家庭调查与研究中心发布的《中国家庭财富的分布及高净值家庭财富报告》以及高盛对中国劳工人口等级划分的研究

我国贫富差距明显，财富主要集中在少部分人手中，根据一些机构对我国家庭财富的研究，最富有的10%家庭拥有社会总财富的60.6%，前1%富裕家庭的总资产、净资产、年收入均远高于前5%富裕家庭。另一方面，我国财富结构呈金字塔形，金字塔的底端仍有超过6亿的农村人口，人均年可支配收入仅为1.2万元。正是这种差距悬殊的财富结构，导致了不同阶层人群的消费观差别巨大，同时，相邻阶层的消费群体也会互相影响。

对于富裕家庭来说，健康、安全、高品质的商品是他们日常生活中的刚性需求，这部分消费者对价格不敏感，可以通过奢侈消费、购买个人品牌或是私人定制服务来满足其自我实现的需求，高端百货或是有VIP服务的门店是最富有家庭的主要购物场所。另一方面，很多“富一代”身上仍保留着艰苦朴素、勇于探索的精神，因此仍有一部分富裕的消费者会尝试网购，选择性价比较高的商品。

对于城市中产阶层来说，商品价格的敏感度要远低于城市普通居民家庭。由于这一阶层的消费者受教育程度普遍较高，并且具有多元化的消费感知，因此决定他们消费的因素较多，包括商品和服务的质量、时尚、个性、科技含量、知识获取、品位等等。相对那些单一的零售业态，购物中心更能满足他们多元化、个性化、娱乐化的精神需求。精品超市、海外购、垂直电商则能满足他们对高品质商品的物质需求。

对于城市普通居民来说，性价比是决定其消费的关键因素。同时，他们与中产阶层的接触较多，中产阶层的消费观对他们产生较大的影响，即使收入相对较低，也会偶尔尝试新的体验。购买高性价比商品的意识会反映在普通城市居民的各种消费行为中，中档百货、大卖场、淘宝是这一消费群体较为常见的购买渠道。

收入最低层的消费者价格敏感度较高。对于农民、低保及贫困群体来说，由于农村商业基础设施仍然落后，购买渠道的便利程度也很重要。因此，价格稳定、满足基本需求的农贸市场、批发市场、杂货店、便民店等是他们购物频次较多的零售渠道。同时，随着农村电商的快速发展，网购也将使得广大农村人民跟上时代的步伐。

2. 横向圈层

从需求层次的角度来看，我国消费圈层呈纺锤型特征，位于两端的生存需求和自我实现需求占比相对较小，安全需求和精神需求占比超过80%。同时，随着居民收入水平提高，消费升级，精神需求在我国消费需求中逐渐占据主导地位。

中产阶层和年轻一代消费者构成了精神需求的主要消费群体，其中又以消费观念超前的80后、90后消费者最为突出。这部分人群是伴随着我国改革开放和物质文明快速发展的环境下成长起来的，接触到的商品、文化、教育和娱乐等都日趋丰富，价值观和消费观更为多元，继而形成“因价值观而聚合，以兴趣点而分众”的消费特征。对于品牌来说，圈层商业时代意味着企业需要打造品牌文化，并对其用户进行取舍，只有认同品牌文化或是核心竞争力的消费者才可能培养出品牌忠诚度。

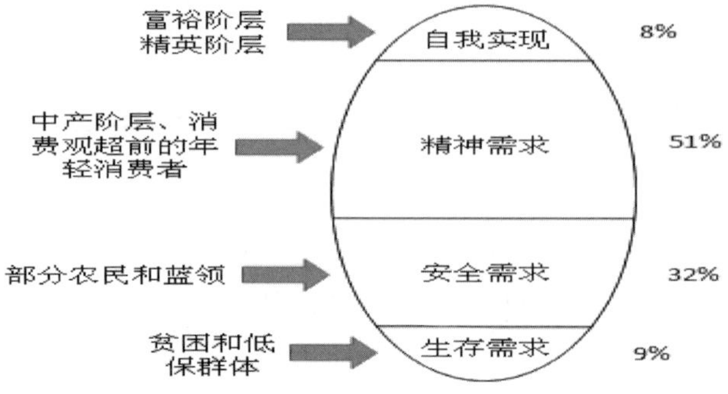

图 12　我国消费横向圈层

（二）消费从物资转向精神层面，“健康”、“理财”、“尊严”、“享受”等消费点增长迅速

随着我国进入经济新常态，人们的消费偏好、消费理念也随之发生新的变化。消费者幸福感的来源从过去简单的“物质商品占有”向“保持健康、追求生命质量”、“增长见识”、“社交娱乐”和“体面生活”等精神层面转变。从 2013 年到 2016 年居民消费支出的结构来看，食品烟酒和衣着的消费支出占比逐渐下降，交通通信、教育文化娱乐和医疗保健的消费支出占比呈上升趋势，2016 年交通通信、教育文化娱乐和医疗保健的消费支出占比合计 32. 5%，较上年同期提高 0. 8 个百分点。

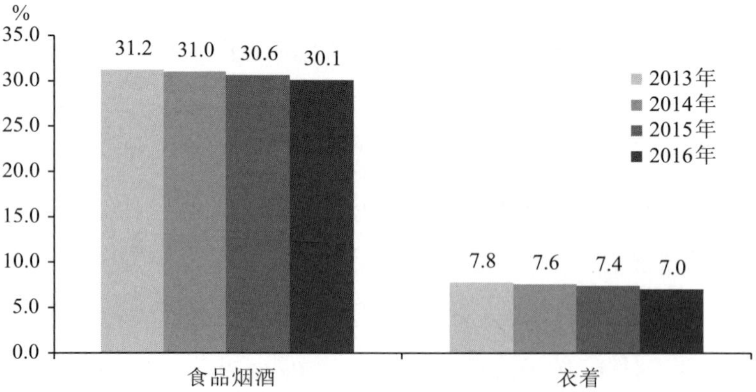

图 13　2013-2016 年居民消费支出食品烟酒、衣着占比

数据来源：国家统计局

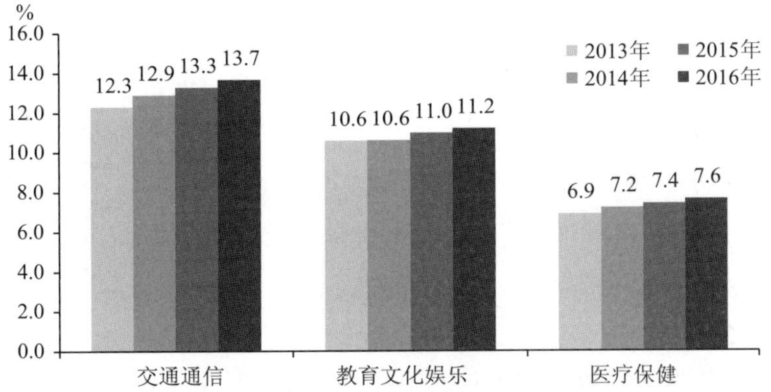

图 14　2013–2016 年居民消费支出交通通信、教育文化娱乐、医疗保健占比

数据来源：国家统计局

为适应消费需求变化，培养经济新增长点，2016 年夏季达沃斯论坛上，李克强总理提出旅游、文化、体育、健康、养老“五大幸福产业”的概念，强调了这五大产业对消费增长和消费升级的重要意义。根据国家统计局数据，2016 年旅游、文化、体育、健康、养老“五大幸福产业”快速发展，1–11 月，规模以上服务业企业中，“五大幸福产业”营业收入合计同比增长 12.6%，比全部规上服务业总体增速高出 1.2 个百分点。其中，旅游服务业、文化及相关产业服务业、体育服务业、健康服务业和养老服务业营业收入同比分别增长 8.1%、15.5%、24.4%、16.4%和 17.1%。

伴随着服务业快速增长，相关商品消费也得到较快发展。限额以上商品零售中，中西药材、文化办公用品和通讯器材均保持着两位数的增长速度，零售业与旅游、文化、体育等热点服务业势必更加融合，共同发展。

（三）体验要求高的商品网购增速相对较慢

从过去情况来看，服装、家电消费占据我国网购较大份额，食品类份额相对较小。近两年来，对购物体验要求较高的“穿”类消费增速放缓至网购平均增速以下，而“吃”类消费随着商品品种的丰富、物流基础设施不断提升，网购增速远高于“穿”类商品。同时，一些超市里价位较低、消费频次较高的标准化日用品也呈现出网上销售趋势，“用”类消费增速也快于网购平均增速。

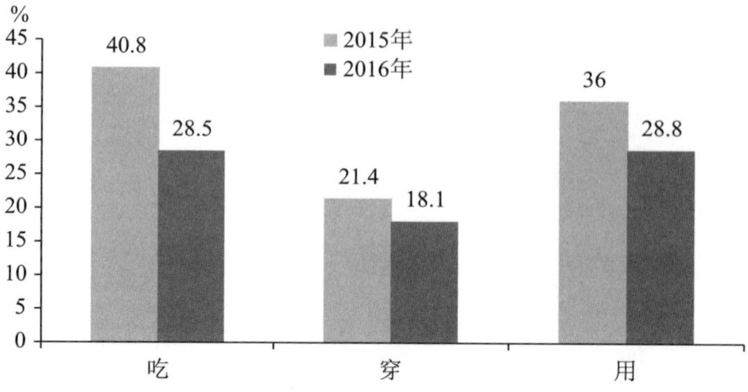

图 15　2015-2016 年吃、穿、用三类网上商品零售增速

数据来源：国家统计局

值得注意的是，尽管 2016 年生鲜类电商发展迅速，但食品安全问题依然不可忽视。建立惩罚机制、完善仓储物流，保证食品品质才是生鲜类电商实现健康发展的关键。

（四）网购市场呈现出消费升级特征

一是品牌消费占据网购主导地位。随着网购市场的不断成熟，商品品质和服务水平逐渐成为影响消费者网购决策的重要因素，实体店品牌在网购渠道中的品牌优势得以体现。根据艾瑞咨询数据，2016 年 B2C 网购规模占比达到 55. 3%，较 2015 年提高 3. 2 个百分点。B2C 网购规模增速高达 31. 6%，远超 C2C 市场 15. 6%的增速。

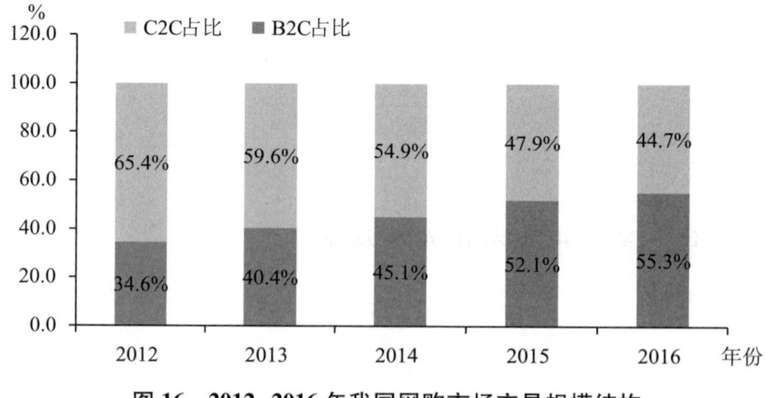

图 16　2012-2016 年我国网购市场交易规模结构

数据来源：艾瑞咨询，2016 年数据为预测数据

从双十一消费数据也可以看出实体店品牌具有较大的网上发展潜力。2016 年双十一女装排名前五的品牌中有四家来自线下品牌，而在

2013 年仅有一家是线下品牌。特别是优衣库，在 2016 年双十一期间提供“线上线下联动”的购物方式，仅 3 分钟销售额破亿。

二是网上服务消费增速快于实物消费。2016 年网上服务零售额 9612 亿元，同比增长 28.9%，增速快于网上实物 3.3 个百分点，且各月服务零售增速均高于商品零售，表明商品消费向服务消费转变的趋势同样也发生在网购市场。

表 2　2013 年、2016 年天猫双十一女装销售额排名前五品牌

	2013 年	2016 年
1	茵曼	优衣库
2	韩都衣舍	ONLY
3	阿卡	韩都衣舍
4	裂帛	乐町
5	欧时力	拉夏贝尔

数据来源：天猫

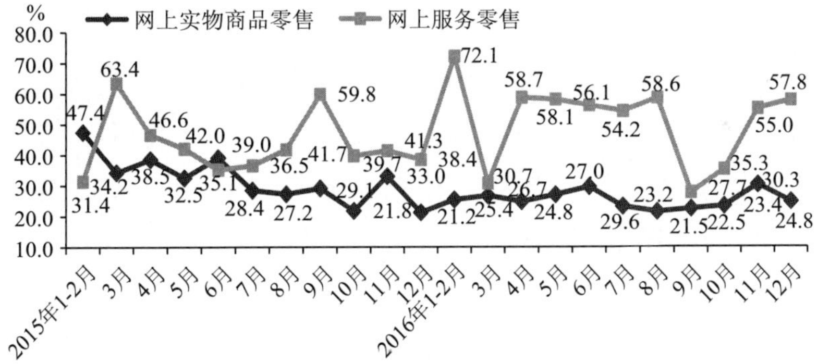

图 17　2015-2016 年网上服务消费和实物商品消费各月增速

数据来源：根据国家统计局数据测算

（五）零售业呈现出生态化发展特征

一是产品内容生态化。为应对消费者从单一商品需求到高品质生活方式需求的转变，近年来，一些零售商改变了过去品类单一、陈列老套、缺少亮点、价格虚高和过度促销等问题，积极调整自己的经营策略，以呈现独特生活方式为思路，精心组织商品服务，并得到消费者的认可。

二是零售业态生态化。为应对消费需求从物质需求向精神需求的转变，零售商近年来减少服装、百货等商品零售比例，拓展餐饮、书店、室内滑冰场、儿童游乐场等多种功能业态和体验业态，利用场景占领消费者心智。

三是商业环境生态化。为提高用户在每一个消费环节的体验质量、提升消费者对品牌的粘性，大型零售商正在改变过去类似农田经济的单一经营策略，通过并购、外包或合作等形式，聚合物流、金融、信息、咨询、品牌孵化等众多生产型服务企业，形成了类似热带雨林的商业生态系统，增强企业对外部环境快速变化的适应能力。

三、2016 年主要商品销售运行情况

（一）2016 年我国服装市场销售运行情况

2016 年，我国服装市场增长缓慢，大型零售企业服装零售额较上年略有提高，服装零售量放缓幅度较大，销售单价降幅有所收窄，下半年服装市场企稳回升。我国服装市场持续低迷与近年来居民消费升级具有很大关系。居民衣着类消费支出占比持续下降，交通通信、教育文化娱乐和医疗保健等服务相关消费支出占比呈上升趋势。同时，我国服装消费仍处在满足物质需求的阶段，服装在时尚、文化、品位等精神层面的满足感仍未被我国消费者普遍接受。随着我国居民消费呈现圈层化特征，服装品牌应重塑品牌文化，加深人们对品牌的印象，培育忠实的消费群体。

2016 年，我国大多数服装品类市场集中度进一步下降，羽绒服、运动服等服装品类领军品牌依然保持较大的市场优势。在消费升级的背景下，服装网购市场朝着品牌消费、品质消费方向发展，国际快时尚品牌受前期扩张过快和同质化竞争影响，销售增长普遍放缓。我国服装品牌在资本的推动下，继续朝着做大、做强的方向发展。

1. 居民衣着类消费支出占比继续下降

2016 年，我国人均衣着消费支出为 1203 元，同比增长 3.3%，增速较上年放缓 2.6 个百分点。衣着消费支出占人均消费支出总额的 7.0%，较上年下降 0.4 个百分点。

城镇人均衣着类消费支出为 1739 元，同比增长 2.2%，增速较上

年放缓 2.3 个百分点。衣着消费支出占城镇人均消费支出总额的 7.5%，较上年下降 0.5 个百分点。

农村人均衣着消费支出为 575 元，同比增长 4.5%，增速较上年放缓 3.4 个百分点。衣着消费支出占农村人均消费支出总额的 5.7%，较上年下降 0.3 个百分点。

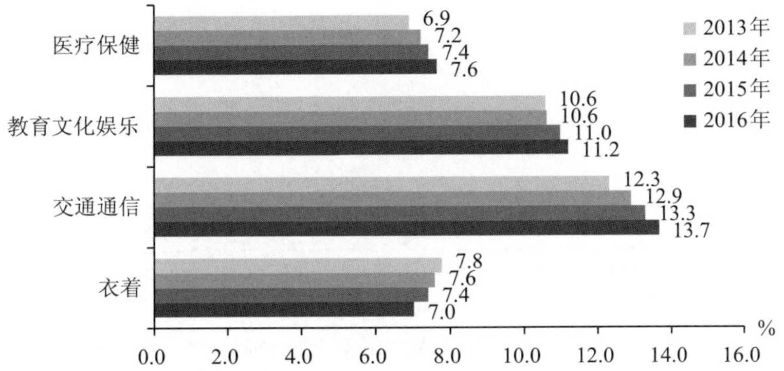

图 18　2013-2016 年部分居民人均消费支出构成

数据来源：国家统计局

服务类消费支出快速增长，交通通信、教育文化娱乐和医疗保健消费支出占比逐年提升。2016 年，三者消费占比达到 32.5%，较上年提高 0.8 个百分点。

2. 限额以上企业服装零售额增速持续放缓

2016 年限额以上企业（单位）服装商品零售额同比增长 6.8%，增速较上年放缓 2.5 个百分点，自 2011 年以来增速逐年放缓。

图 19　2006-2016 年限额以上企业（单位）服装商品零售额增速

数据来源：国家统计局

3. 2016 年大型零售企业服装销售情况分析

（1）百家重点大型零售企业服装零售额小幅增长

根据中华全国商业信息中心统计，2016 年全国百家重点大型零售企业服装类商品零售额同比增长 0.2%，增速较上年提高 0.5 个百分点。

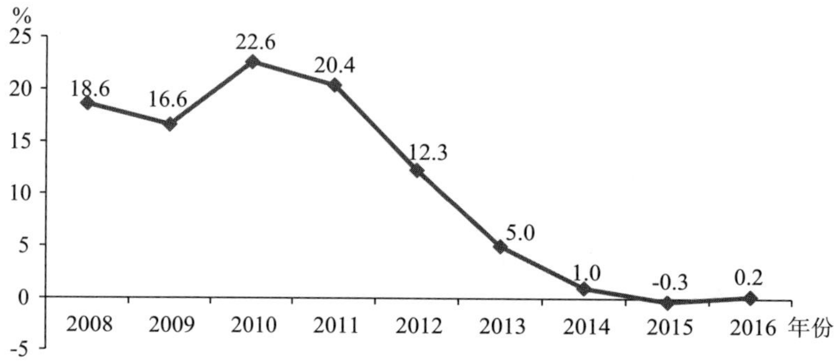

图 20　2008-2016 年全国百家重点大型零售企业服装类商品零售额增速

数据来源：中华全国商业信息中心

2016 年全国百家重点大型零售企业各类服装零售量同比增长 0.9%，增速较上年大幅回落 5.5 个百分点。

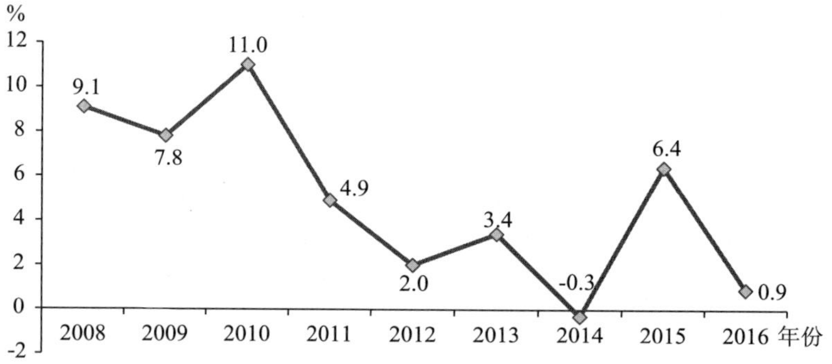

图 21　2008-2016 年全国百家重点大型零售企业各类服装零售量同比增速

数据来源：中华全国商业信息中心

从各类服装销量增长情况来看，女装销量大幅放缓 5.1 个百分点，成为抑制服装整体销量增长的最重要因素；男衬衫、T 恤衫、童装、牛仔服、运动服和防寒服零售量均高于上年，且增速有所加快；男西装、茄克衫均实现同比正增长，但增速有所放缓；裤子、针织内衣裤和羊绒及羊毛衫零售量不及上年同期。

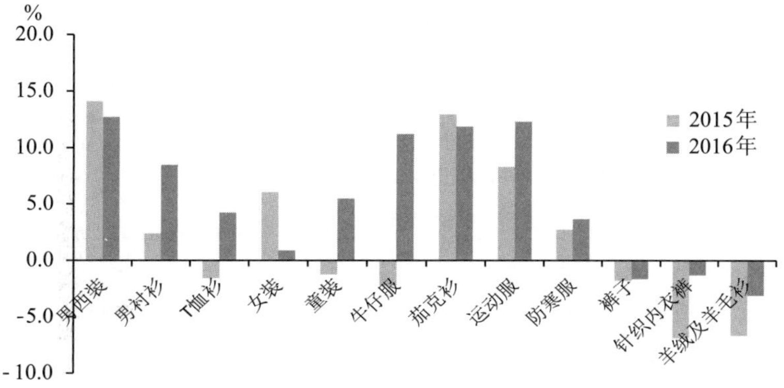

图 22　2015-2016 年全国百家重点大型零售企业各类服装销量增速对比

数据来源：中华全国商业信息中心

（2）服装市场下半年企稳回升

根据中华全国商业信息中心统计，重点大型零售企业下半年服装销售情况相对较好，自 6 月份起，几乎各月均实现零售额同比正增长。服装零售量下半年降幅相对较小，并在 12 月份实现 6.8%的全年最高月度增速。

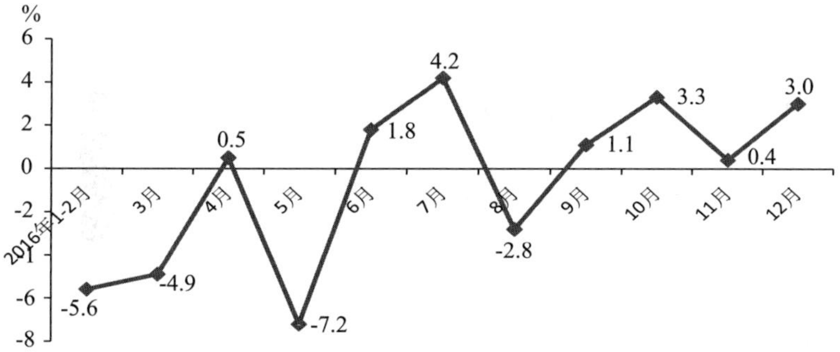

图 23　2016 年各月全国重点大型零售企业服装零售额增速

数据来源：中华全国商业信息中心

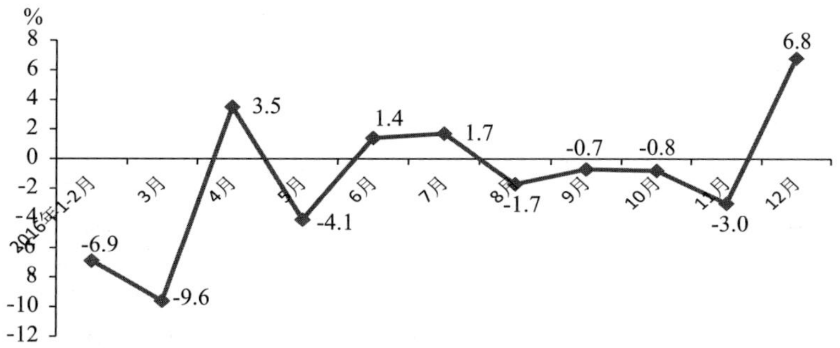

图 24　2016 年各月全国重点大型零售企业服装零售量增速

数据来源：中华全国商业信息中心

（3）服装市场成交价格降幅收窄

根据中华全国商业信息中心测算，2016 年我国重点大型零售企业服装销售单价同比下降 0. 3%，降幅较上年收窄 3. 3 个百分点。其中，下半年 7 月、9 月、10 月、11 月服装价格在同期基数较低的影响下，涨幅相对较大。

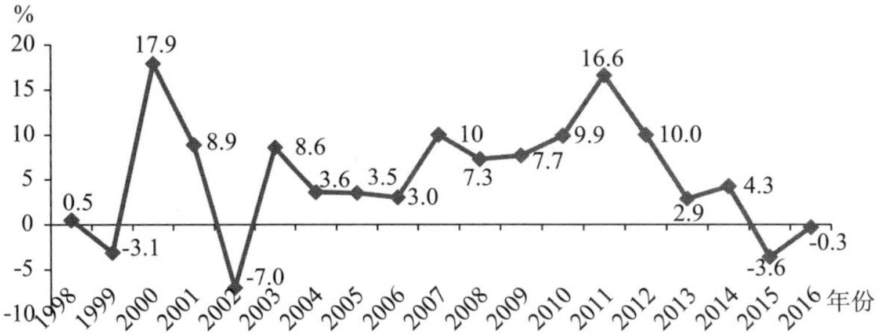

图 25　1998-2016 年全国重点大型零售企业服装销售单价涨幅

数据来源：中华全国商业信息中心

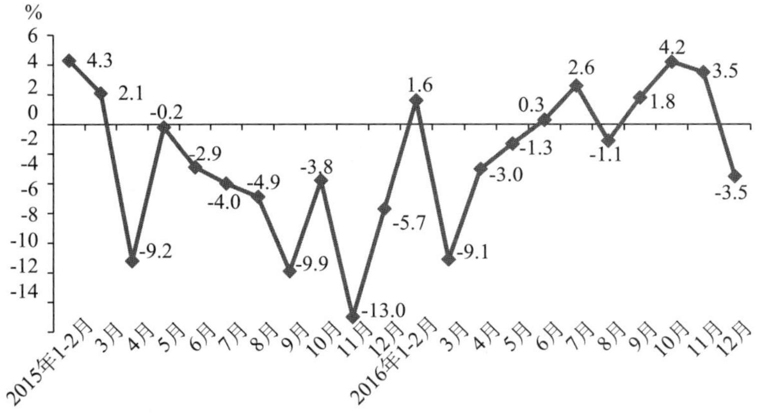

图 26　2015-2016 年各月全国重点大型零售企业服装销售单价同比涨幅

数据来源：中华全国商业信息中心

4. 主要服装商品销售运行情况

（1）男装：零售额下降，单价降幅扩大，销量上涨

根据中华全国商业信息中心统计，2016 年全国重点大型零售企业男装零售额同比下降 4. 4%，降幅较上年扩大 3. 6 个百分点。

2016 年，男装销售单价同比大幅下降 10. 6%，降幅较上年扩大 4. 5 个百分点。男装零售量同比增长 6. 9%，增速较上年加快 1. 2 个百分点。

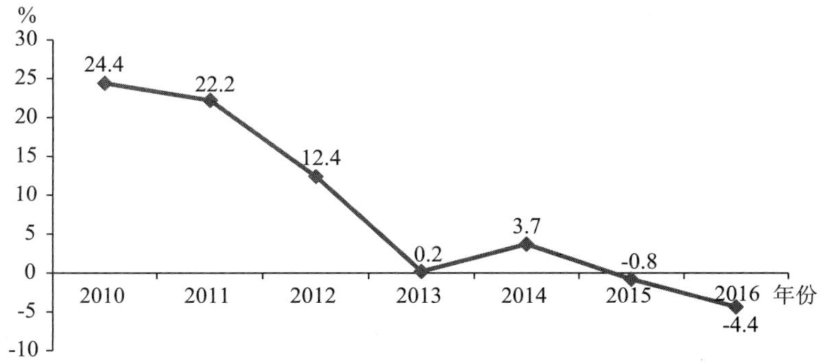

图 27　2010-2016 年全国重点大型零售企业男装商品零售额增速

数据来源：中华全国商业信息中心

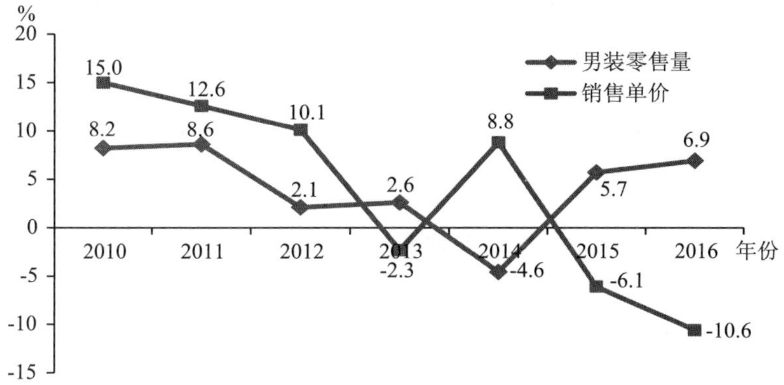

图 28　2010-2016 年全国重点大型零售企业男装商品零售量和销售单价增速

数据来源：中华全国商业信息中心

（2）女装：零售额下降，单价降幅收窄，销量与上年基本持平

根据中华全国商业信息中心统计，2016 年全国重点大型零售企业女装零售额同比下降 3.3%，降幅较上年扩大 2.7 个百分点。

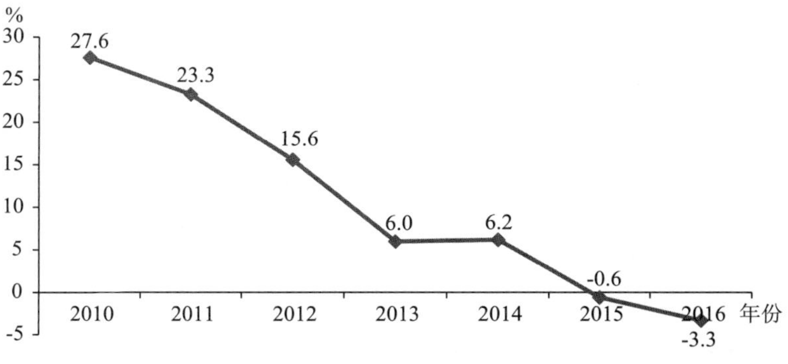

图 29　2010-2016 年全国重点大型零售企业女装类商品零售额增速

数据来源：中华全国商业信息中心

2016 年，女装单价同比下降 3. 2%，降幅较上年收窄 2 个百分点。女装零售量与上年基本持平，增速较上年放缓 4. 9 个百分点。

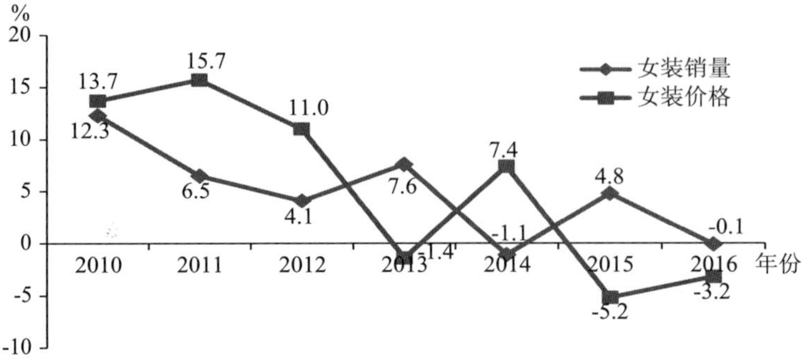

图 30　2010-2016 年全国重点大型零售企业女装商品零售量和销售单价增速

数据来源：中华全国商业信息中心

（3）童装：零售额小幅下降，单价下降，销量增长

根据中华全国商业信息中心统计，2016 年全国重点大型零售企业童装零售额同比下降 0. 9%，增速较上年放缓 3 个百分点。

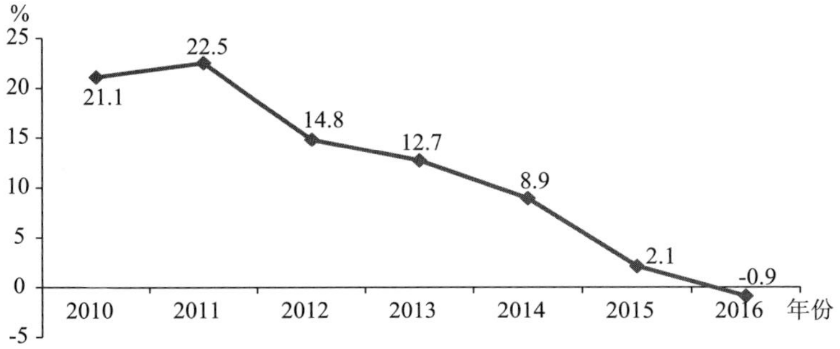

图 31　2010-2016 年全国重点大型零售企业童装类商品零售额增速

数据来源：中华全国商业信息中心

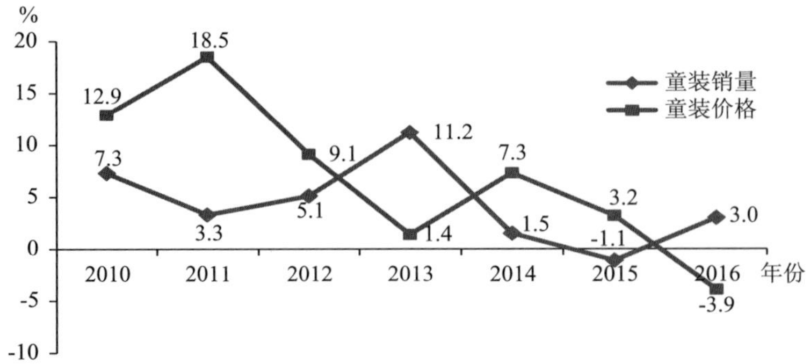

图 32　2010-2016 年全国重点大型零售企业童装商品零售量和销售单价增速

数据来源：中华全国商业信息中心

2016 年，童装单价同比下降 3.9%，增速较上年大幅下滑 7.1 个百分点。童装销量同比增长 3%，增速较上年提高 4.1 个百分点。

（4）运动服：零售量增速加快

根据中华全国商业信息中心统计，2016 年全国重点大型零售企业运动服零售量同比增长 9.6%，增速较上年加快 3.6 个百分点。

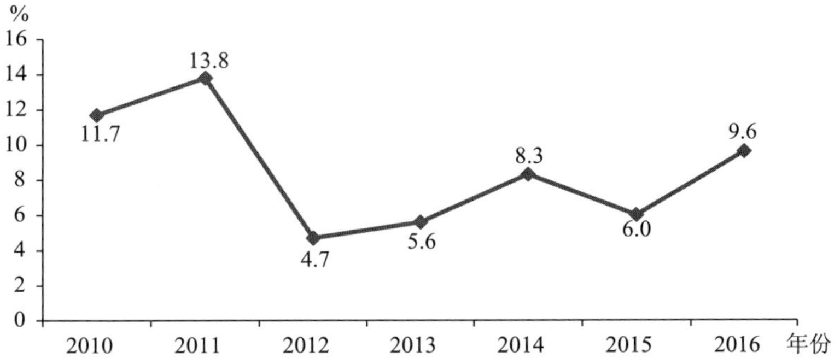

图 33　2010-2016 年全国重点大型零售企业运动服零售量增速

数据来源：中华全国商业信息中心

（5）防寒服：零售量同比上涨，增速放缓

根据中华全国商业信息中心统计，2016 年全国重点大型零售企业防寒服零售量同比增长 1.2%，增速较上年下降 0.6 个百分点。

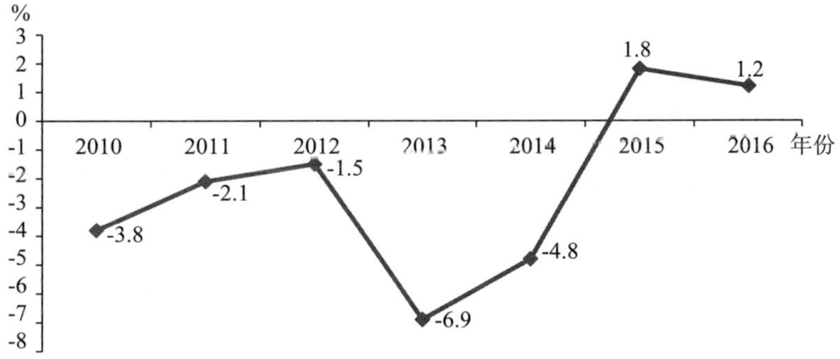

图 34　2010-2016 年全国重点大型零售企业防寒服销量同比增速

数据来源：中华全国商业信息中心

5. 2016 年服装市场呈现特点

2016 年，我国重点大型零售企业多数服装品类市场集中度持续下降，羽绒服、运动服领军品牌市场优势依然明显。服装网购市场品牌消费占据主导地位。国际快时尚品牌在业绩普遍放缓的压力下，调整门店布局，我国快时尚品牌快速崛起。服装资本市场较为活跃，服装企业通过并购弥补品牌短板、加快跨界转型以及提升品牌形象。

（1）大多数品类市场集中度进一步下降

2016 年，服装市场大多数品类市场集中度继续下降，一线品牌竞争优势进一步弱化。根据中华全国商业信息中心统计，2016 年，十四个服装品类中，男西装、茄克衫、女性内衣和童装前十品牌市场综合占有率合计较上年略有增长，其他品类的服装市场集中度均不及 2015 年。

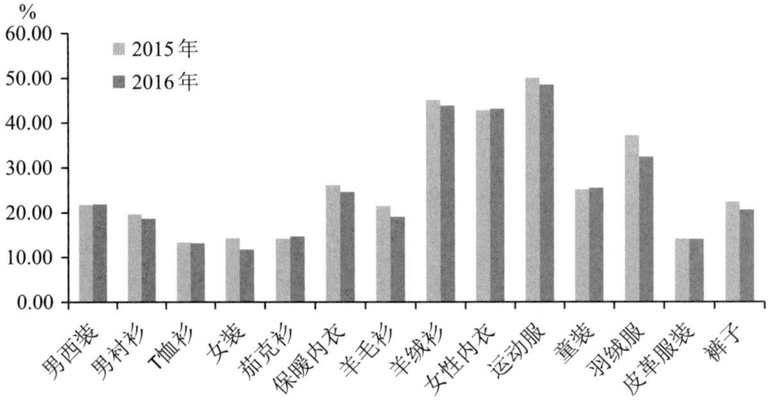

图 35　2015 年、2016 年全国重点大型零售企业服装销售前十品牌市场综合占有率

数据来源：中华全国商业信息中心

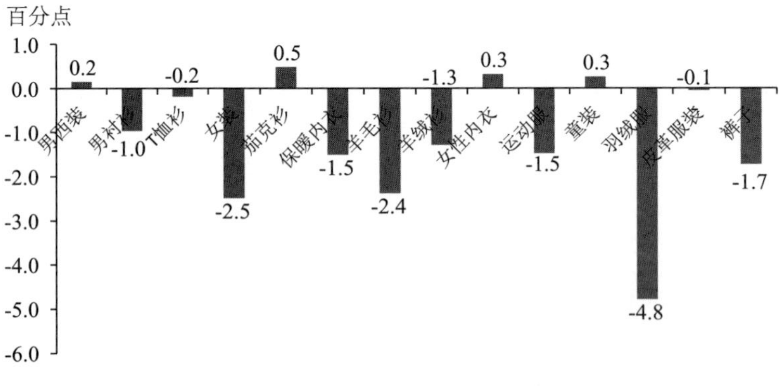

图 36　2016 年全国重点大型零售企业服装销售前十品牌市场综合占有率变化

数据来源：中华全国商业信息中心

（2）羽绒服、运动服领军品牌市场份额较大

从近年来服装领军品牌的市场份额变化情况来看，功能要求较少

的品类市场集中度较低，且行业领军品牌市场份额呈下降趋势，品牌可替代程度较高。羽绒服、运动服等专业程度较高的品类前十品牌市场集中度均超过 30%，且领军品牌市场份额均在 10% 以上。童装市场近年来成为市场追逐的热点，行业竞争较为激烈，除传统童装品牌外，运动品牌和快时尚品牌也开展童装业务，行业集中度相对较低。

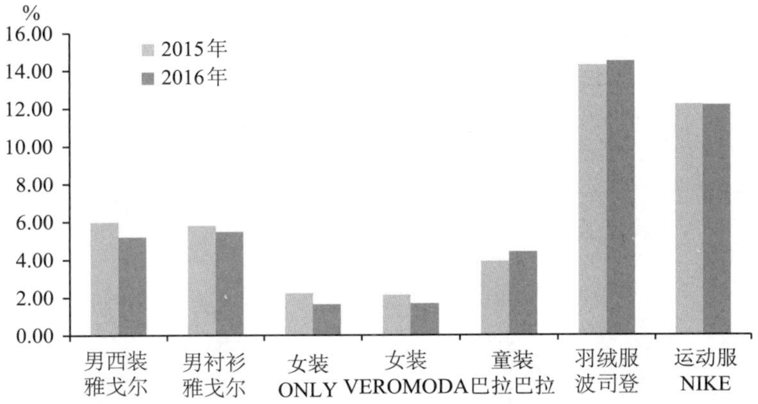

图 37　2015 年、2016 年全国重点大型零售企业部分服装品类领军品牌市场综合占有率

数据来源：中华全国商业信息中心

（3）服装网购增速放缓，品牌消费占据主导地位

从过去情况来看，服装、家电消费占据着我国网购较大份额，食品类份额相对较小。近两年来，“穿”类消费增速放缓至网购平均增速以下，而“吃”类消费随着商品品种的丰富、物流基础设施不断提升，网购增速远高于“穿”类商品。同时，一些超市里价位较低、消费频次较高的标准化日用品也呈现出网上销售趋势，“用”类消费增

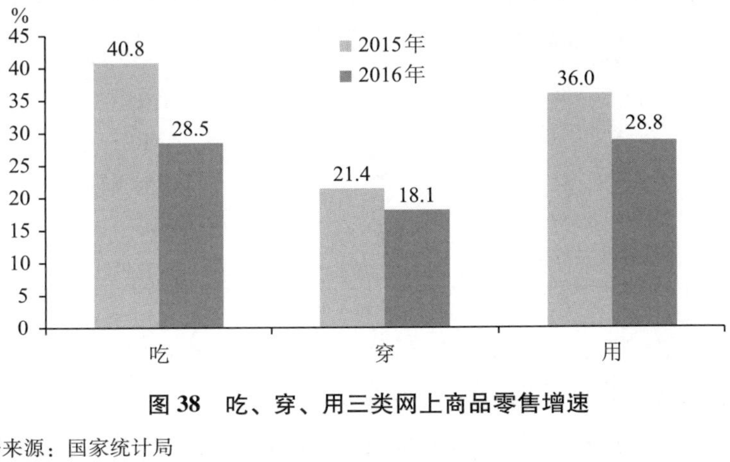

图 38　吃、穿、用三类网上商品零售增速

数据来源：国家统计局

速也快于网购平均增速。

随着网购市场的不断成熟，商品品质和服务水平逐渐成为影响消费者网购决策的重要因素，实体店品牌在网购渠道中的品牌优势得以体现。根据艾瑞咨询数据，2016 年 B2C 网购规模占比达到 55.3%，较 2015 年提高 3.2 个百分点。B2C 网购规模增速高达 31.6%，远超 C2C 市场 15.6%的增速。

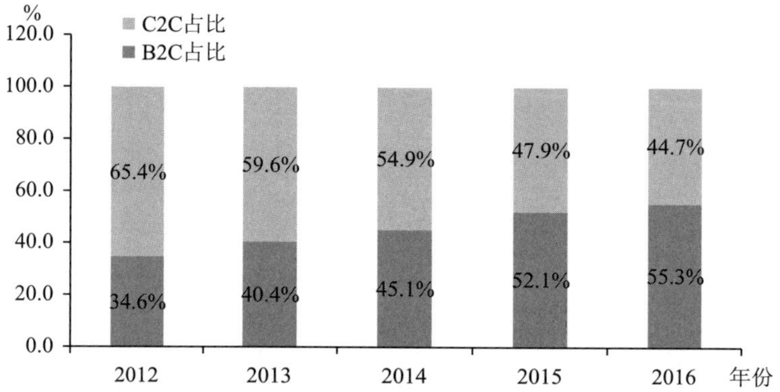

图 39　2012–2016 年我国网购市场交易规模结构

数据来源：艾瑞咨询，2016 年数据为预测数据

“双十一”消费数据也反映出实体店品牌具有较大的网上发展潜力。2016 年“双十一”女装排名前五的品牌中有四家来自线下品牌，而在 2013 年仅有一家是线下品牌。特别是优衣库，在 2016 年“双十一”期间提供“线上线下联动”的购物方式，仅 3 分钟销售额破亿。

表 3　2013 年、2016 年天猫“双十一”女装销售额排名前五品牌

	2013 年	2016 年
1	茵曼	优衣库
2	韩都衣舍	ONLY
3	阿卡	韩都衣舍
4	裂帛	乐町
5	欧时力	拉夏贝尔

数据来源：天猫

（4）国际快时尚品牌增速放缓

2016 年，主要快时尚品牌业绩增长均出现放缓：迅销集团 2016

财年综合收益较上年度增长 6.2%，增速较上年放缓 15.4 个百分点，综合经营利润同比下降 22.6%，税前利润同比下降 50.1%；H&M 集团 2016 财年营收增长 7%，增速较上年放缓 11.9 个百分点；GAP 集团 2016 财年净销售同比下降 1.8%，净利润下降 26.5%；ZARA 情况相对较好，根据 Inditex 集团 2016 年年底发布的前三季度财报，Inditex 集团净利润为 22.1 亿欧元，同比增长 9%，销售额为 164 亿欧元，同比增长 14.5%。

业绩下滑迫使快时尚放缓扩张脚步，并调整门店布局。根据赢商网统计，2016 年快时尚品牌在三四线城市的新增门店占比达到 30%，高于 2015 年的数据，渠道下沉明显。而另一方面，本土快时尚品牌扩张速度加快，MJstyle、热风等品牌增长势头强劲，其中，MJstyle2016 年新增门店数量高达 101 家，涵盖全国各线城市。值得国内快时尚品牌注意的是，ZARA、H&M 等业绩增长已经出现放缓，一味模仿国际快时尚的发展模式将面临较大的市场风险，除了高性价比外，国内快时尚品牌仍需形成独特的文化和卖点。

（5）服装业资本运作频繁

2016 年，虽然服装市场增长速度整体放缓，但服装业资本市场非常活跃，并购事件频出，体现出服装品牌未来的发展思路：一是弥补品牌短板，例如拉夏贝尔收购熙辰服饰，通过后者在中高端女装中的成熟运营经验和影响力，推出中高端副线品牌，丰富拉夏贝尔的产品线；二是跨界转型，例如在服装主营业务持续下滑的背景下，朗姿收购四川米兰柏羽、深圳米兰柏羽等 6 家医学美容企业股权，继续构建“泛时尚产业互联生态圈”；三是收购国际品牌，提升品牌形象。例如维格娜丝收购 TeenieWeenie，歌力思收购 Ed Hardy。

2016 年，有更多的服装企业进入资本市场，对这些品牌来说，成功上市既是对过去市场成绩的肯定，同时也意味着更加严峻的挑战。从 2016 年新上市的公司来看，在上证、中小板、创业板和香港主板上市的服装企业主要有天创时尚、哈森股份、江南布衣和比音勒芬等；“新三板”挂牌的服装企业（不包括纺织企业）共有 36 家；在等待上市的企业名单中，乔丹体育、太平鸟、安正时尚集团均已通过审批。

6. 未来服装市场的发展趋势预测

2017 年，我国服装市场将随着人们消费心理的改变而发生变革，消费者购买服装不仅是为了满足物质占有以及迎合时尚潮流的需求，更是追求舒适健康的生活方式，彰显个性的内在需要。因此，具有独特风格的设计师品牌和小众品牌、具有新功能、新体验的服装品类将更能得到消费者的青睐。同时，随着大众运动休闲的快速发展以及冬奥会的临近，服装市场将推出更多穿戴轻便、具有科技含量、融合运动健身和时尚休闲的新产品。

（1）科技将加快服装业变革

新技术、新经济将继续推动服装行业的变革：一是从服装设计来看，大数据分析将帮助设计师及时了解市场流行趋势和消费者偏好，使得服装版型设计更加科学、人性化，服装色彩更符合市场需求；二是从服装制作流程来看，数字打印、激光剪裁以及 3D 打印技术的改良与推广，将对传统的缝制工造成冲击；三是从服装功能来看，将有更多品牌运用发光纱布、智能面料、纳米材料和传感器等科技材料，设计出色彩亮丽多变、功能更加丰富的服饰，以此用于企业宣传，或是迎合热爱尝试新鲜事物的消费者需求；四是从服装展示来看，虚拟板墙、VR 技术等将拓展门店的虚拟空间，减少库存空间，并为消费者带来购物新体验。

（2）服装品牌利用跨界多元化增强消费者印象

随着消费升级和消费圈层特征愈发明显的趋势，服装品牌需要提升品牌形象、明确品牌定位、宣传品牌文化，增强品牌在消费者心中的印象。为此，服装业将呈现出一批多品类组合、产品+服务的生活方式品牌，通过跨界经营，推出家居系列，涉足主题餐饮、酒店、咖啡馆、书店和健身房等多种业态，形成固定的消费者圈层，提高消费者对品牌的粘性。

（3）全渠道经营将更加普遍

2017 年，电商和实体店从曾经的竞争关系，向合作共赢关系的转变趋势将更明显：一是新一代消费者对手机的依赖度更高，移动网络、移动支付的快速发展将使得手机成为最重要的购物渠道之一，服装品牌应加大手机等移动终端的投入，让消费者更直观、便捷地接受到丰富的产品服务信息；二是网民数量增速将逐渐放缓，电商经营成本将有所提高，纯电商品牌应利用国家推动实体零售创新转型的契机，突破线上品牌发展瓶颈向实体店发展，提升品牌形象，提高消费者购物体验。

（4）快时尚将推出更多副线品牌

在过去的一年里，快时尚品牌销售增速放缓，盈利水平下降，店面调整频繁，这反映出快时尚扩张速度过快，产品同质化严重的问题。为满足消费者日益差异化、细分化的购买需求，快时尚品牌将积极尝试多品牌战略，形成差异化的竞争力：一是推出价位更低的副品牌，继续通过低价吸引中低收入水平的消费者；二是与设计师合作，推出设计感更强，质量更好的中高端商品；三是涉足家居、文化、体育等产业，推出相应品牌，培育圈层消费群体；四是主品牌将进一步拓展三、四线城市市场，抓住城镇化发展的契机。

（5）设计师品牌将迎来快速发展时期

随着人们对个性化、品质化的消费需求不断上升，国内消费者将改变对国际一线大牌的盲目追捧，开始注重具有独特风格和高品质的本土设计师品牌。我国设计师品牌将从以下几个方面努力，进一步开拓国内消费市场：一是在服装设计中融入更多的中国文化和区域文化元素，给消费者带来与欧美流行风格不同的感觉；二是秉承工匠精神，充分研究国内消费者的需求特点，为市场提供高质量的服装产品；三是抓住零售业态调整的机会，积极与大型电商平台和实体零售商合作，提高设计师品牌在市场的知名度；四是利用网络社交媒体，拉近设计师与消费者的距离，向市场传播品牌文化和创意理念。

（6）大众体育休闲将带动运动服装快速增长

随着生活质量要求的不断提高，人们更愿意通过健康和运动来彰显自己的生活品质，我国运动爱好群体因此快速提升，根据国家体育总局的全面健身计划，到 2020 年，每周参加 1 次及以上体育锻炼的人数将达到 7 亿，经常参加体育锻炼的人数将达到 4. 35 亿。因此，体育休闲娱乐行业将快速发展，从而带动运动服饰和智能穿戴产品需求快速增长，有利于我国服装业的发展。

同时，2022年北京将举办冬奥会，《冰雪运动发展规划（2016-2025年）》也于2016年11月出台，提出到2025年，努力实现“全国直接参加冰雪运动的人数超过5000万人，并带动3亿人参与冰雪运动”的发展目标。服装业应抓住冰雪运动快速发展的契机，积极拓展冰雪运动市场，创新推出功能更丰富，更专业的服装及运动设备。

（二）2016年我国家纺市场销售运行情况

1. 2016年家纺实体店销售情况

（1）零售额增速降幅收窄

2016年全国重点大型零售企业家纺销售仍不太乐观，根据中华全国商业信息中心数据，2016年，全国重点大型零售企业针纺织品零售额同比下降6.1%，降幅相比上年收窄2.0个百分点；床上用品零售额同比下降3.4%，降幅相比上年收窄7.4个百分点。针纺织品和床上用品零售额增速下降幅度收窄，主要是受2015年同期基数较低影响，2015年针纺织品和床上用品零售额增速是历年以来的最低增速。

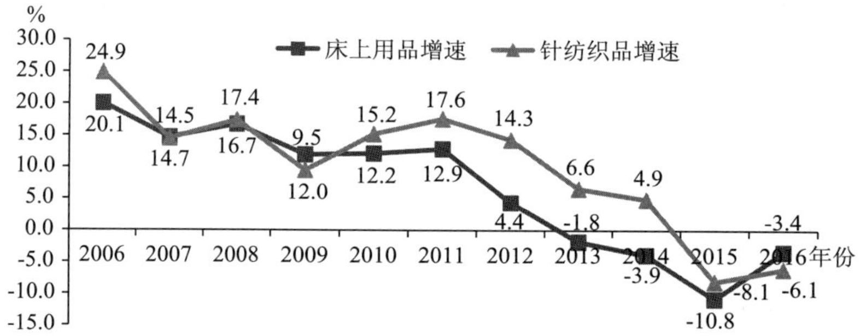

图40 2006-2016年全国重点大型零售企业针纺织品和床上用品零售额增长情况

数据来源：中华全国商业信息中心

（2）家纺销售淡旺季分明

床上用品消费每年随季节呈现周期性的波动。夏季时市场需求相对较弱，而在进入秋冬季节时市场需求则相对较强。此外，行业的季节性还与中国传统节假日密切相关，企业在“十一”国庆节、春节等重要节假日加大促销力度，受节假日和企业促销活动的安排等因素影响，销售会较其他月份明显放大。

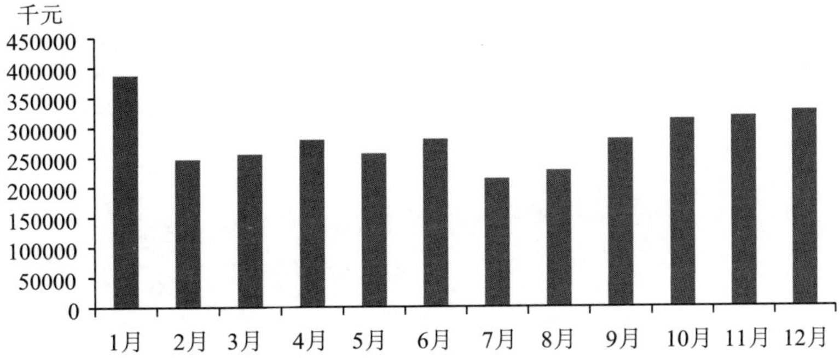

图 41　2016 年全国重点大型零售企业床上用品零售额月度销售情况

数据来源：中华全国商业信息中心

（3）品牌家纺平均单价下降

根据中华全国商业信息中心统计，2016 年全国重点大型零售企业床上用品套件平均单价为 535 元，比上年下降 79 元；床上用品各种被平均单价为 492 元，比上年下降 33 元。2016 年家纺产品销售平均单价呈现下降趋势，主要是受到了网上低价的冲击。

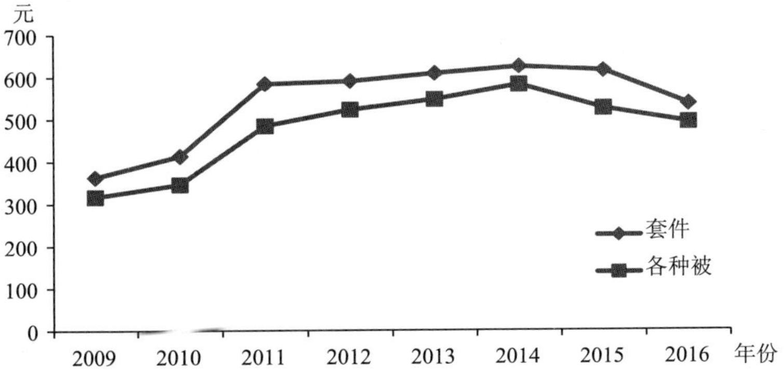

图 42　2009-2016 年品牌床上用品平均单价

数据来源：中华全国商业信息中心

（4）三线城市零售额增速略高

2016 年，一、二、三线城市重点大型零售企业床上用品零售额增速较上年均有所上升，其中一线城市降幅从上年的 10.9%收窄到 0.1%，二线城市降幅从上年的 11.5%收窄到 5.8%，三线城市增速从上年的-7.6%转为同比增长 1.9%。

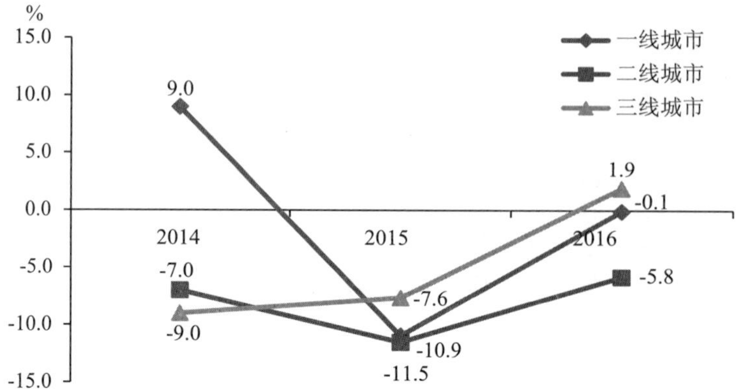

图 43　2014-2016 年全国重点大型零售企业一、二、三线城市床上用品零售额增速

数据来源：中华全国商业信息中心

（5）东部地区零售额小幅增长

从不同地区市场销售情况来看，2016 年，全国重点大型零售企业床上用品仅东部地区实现 0.5%的微弱增长，其他三个地区均在上年同期零售额下降的情况下，继续保持负增长，其中中部地区零售额降幅从上年的 13%收窄至 4.6%，西部地区零售额降幅从上年的 20.7%收窄至 9.3%，东北部地区零售额降幅从上年的 8.5%收窄至 7.6%。

表 4　2015、2016 年不同地区市场床上用品零售额增速情况（%）

	东部	中部	西部	东北
2015 年	-8.3	-13.0	-20.7	-8.5
2016 年	0.5	-4.6	-9.3	-7.6

2. 主要家纺产品品牌竞争情况

（1）品牌集中度出现分化

2016 年，我国家纺各品类品牌集中度出现分化，其中床上用品市场品牌格局基本稳定，床上用品套件前十品牌市场集中度略有上升，从 2015 年的 34.5%上升至 35.2%；而床上用品各种被前十品牌市场集中度略有下降，从 2015 年的 29.8%下降至 29.2%。

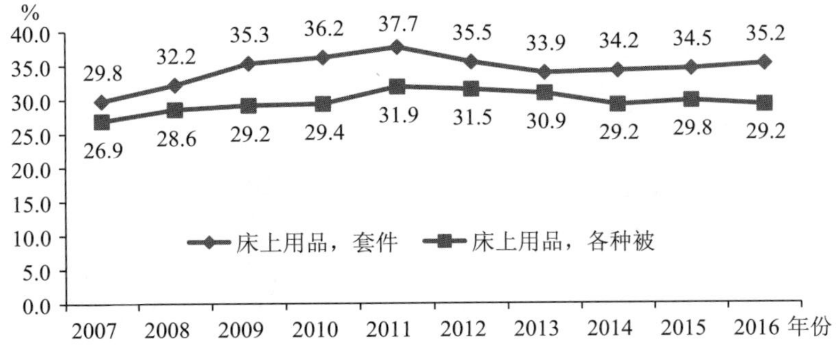

图 44　全国重点大型零售企业床上用品套件和各种被前十品牌综合占有率

数据来源：中华全国商业信息中心

（2）行业集中度仍处较低水平

由于市场空间广阔、进入壁垒较低等特点，家纺行业的集中度不高，市场竞争激烈。2016 年床上用品套件和各种被前十品牌市场综合占有率之和分别为 35. 2%和 29. 2%，明显低于运动服、运动鞋、女性内衣等品类。

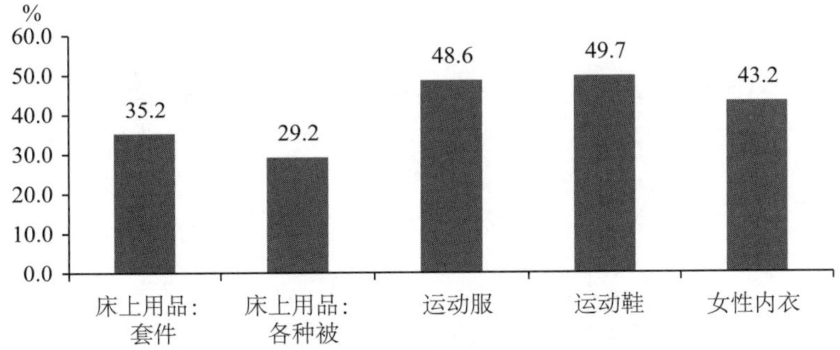

图 45　2016 年各品类产品前十位品牌占有率情况

数据来源：中华全国商业信息中心

（3）领先品牌份额上升，罗莱优势明显

从床上用品市场份额情况来看，优势品牌的市场份额持续上升。其中，2016 年罗莱市场综合占有率为 9. 4%，较 2013 年上升 1. 5 个百分点；梦洁市场综合占有率为 6. 7%，较 2013 年上升 0. 2 个百分点；富安娜市场综合占有率为 5. 4%，较 2013 年上升 0. 6 个百分点；水星市场综合占有率为 2. 6%，较 2013 年上升 0. 2 个百分点。

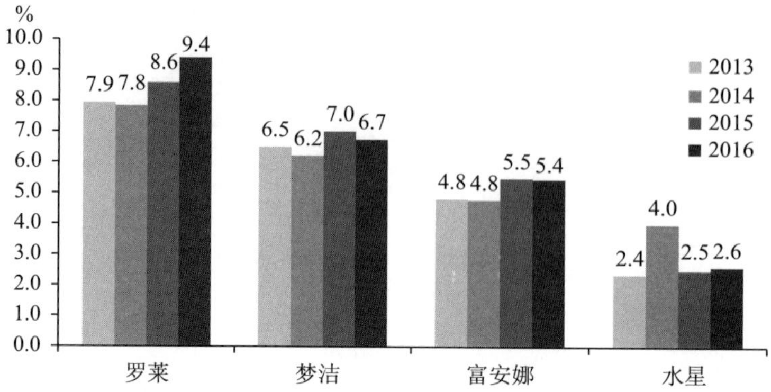

图 46　2013-2016 年优势床上用品品牌市场综合占有率情况

数据来源：中华全国商业信息中心

（4）国产品牌主导市场

中国作为名副其实的纺织大国，拥有完整的产业链和相对较低的劳动力成本，而且罗莱、梦洁、富安娜、恒源祥等内资家纺品牌介入市场时间较早、知名度较高，在市场上占据着主导地位。根据中华全国商业信息中心数据，2016 年床上用品套件和各种被前十品牌均为国内品牌，外资品牌无一涉足。

表 5　2016 年各种被、床上用品市场综合占有率排名前十品牌情况

排序	各种被		床上用品	
	品牌名称	综合占有率（%）	品牌名称	综合占有率（%）
1	罗莱	6. 90	罗莱	9. 39
2	梦洁	5. 77	梦洁	6. 75
3	富安娜	3. 85	富安娜	5. 45
4	水星	2. 63	水星	2. 61
5	罗卡芙	2. 20	寐	2. 10
6	寐	1. 75	罗卡芙	2. 05
7	恒源祥	1. 72	紫罗兰	1. 93
8	恐龙	1. 54	恐龙	1. 69
9	富丽真金	1. 49	惠谊	1. 66
10	阿思家	1. 38	恒源祥	1. 54

数据来源：中华全国商业信息中心

（5）线下品牌对网上销售形成明显支撑

前几年，线下知名家纺品牌罗莱、梦洁、富安娜等集中上线，把线下的优秀产品设计能力带到线上，这些品牌凭借在线下多年积累的品牌优势，线上销售表现突出。数据显示，2016年，罗莱家纺“双十一”成交额2.088亿元，水星家纺实现1.87亿元成交额，而富安娜成交额也达到了1.32亿元。而且近年来这些品牌线上运作更趋成熟，线上线下互动明显，线下品牌对网上销售形成明显的支撑。根据中华全国商业信息中心和2016年“双十一”家纺销售数据，线上和线下知名品牌的重合度非常高，2016年“双十一”床上用品排名前20的店铺有10家与线下排名前20的品牌是重合的，这表明，未来电商时代，家纺线上销售的繁荣，依然需要依靠线下知名品牌的发展。

表6 2016年全国大型零售企业排名前20品牌和“双十一”热销品牌对比

排名	2016年市场综合占有率排名前20品牌	2016年“双十一”全网床上用品热销店铺排行
1	罗莱	罗莱家纺官方旗舰店
2	梦洁	水星家纺旗舰店
3	富安娜	富安娜官方旗舰店
4	水星	博洋家纺官方旗舰店
5	寐	多喜爱旗舰店
6	罗卡芙	梦洁旗舰店
7	紫罗兰	南极人家纺旗舰店
8	恐龙	NITTAYA海外旗舰店
9	惠谊	爱斯基摩人家纺旗舰店
10	恒源祥	觉先生家居旗舰店
11	堂皇	钱皇旗舰店
12	佳丽斯	雅芳婷旗舰店
13	凯盛	雅兰旗舰店
14	雅芳婷	安睡宝旗舰店
15	ESPRIT	茧缘旗舰店
16	鸿润	恒源祥海洋时代专卖店
17	博洋	恒源祥家纺官方旗舰店
18	梦兰	HarborHouse家居旗舰店
19	宝缦	罗卡芙家纺旗舰店
20	富丽真金	南极人维米专卖店

数据来源：中华全国商业信息中心、亿邦动力网

3. 家纺市场未来发展趋势

（1）新常态下行业转型升级更紧迫

随着中国经济转型深化，行业步入“新常态”，家纺市场也亟待转型升级：

首先，外需下降使得内需承压，统计数据显示，2016 年 1-8 月，我国纺织品服装累计出口额为 1783.37 亿美元，同比下降 3.33%，对比历史数据发现，中国纺织品服装在 2015 年出现近 6 年首次进出口双降现象，而 2016 年截至 8 月这一现象仍在延续。出口的放缓，必然又给国内市场造成压力。

其次，我国家纺企业同质化严重，千店一面，万店同品，这主要是由传统家纺企业跑马圈地的扩张方式所造成的，未来家纺企业依靠规模扩张的逻辑已经不存在，必须培养出面向消费者的专业经营能力。

第三，品牌已经从床品、毛巾、地毯转向布艺及家纺全品类，产品之间的壁垒日趋模糊，家纺全品类企业竞争力不断增强，这对企业的整合力提出更高的要求。

第四，消费者需求、消费方式也发生了重大转变。80、90 后消费个性化特点突出，且网购已成为年轻消费群体的购物习惯；富裕的中产阶层消费群体越来越聚焦于高品质的居家生活方式，未来企业要想获得消费者的青睐，需要重新思考如何用商品、服务、体验吸引消费者，打造出自己的品牌符号，这样才能吸引相应的消费群体。

（2）“大家居”成为行业发展趋势

随着消费需求从单一产品的需求上升到整个生活方式的需求，我国家纺行业也经历了从“布艺时代”到“大家纺”时代，从“大家纺”时代到主张生活方式的“大家居”时代，家纺产品也从实用消费品转型为流行时尚品。尤其是自 2012 年以来，传统企业进入调整期，企业纷纷探索转型之路。在此背景下，传统家纺企业纷纷做出调整，从单一品类向大家居转移的企业屡见不鲜，其中，行业知名品牌梦洁旗下 MERHOME 寐开出国际名品家居馆涉足家居领域，家居生活馆内产品从男士用的烟斗、护理用品，到女性消费者偏爱的香薰、手工雨伞等等商品一应俱全；罗莱家纺更是更名为“罗莱生活”，投资成立向智能家居、智能硬件等领域发展的基金，加速向家居生活一站式服务商转型。据相关媒体报道，截止 2016 年年底，罗莱生活探索全品类生活家居馆（HOME 店）运营经验，在近 1700 家罗莱主品牌中已有 15%的门店做了转型和升级。

（3）家纺、家居融合，一体化发展

目前，家纺、家居相对独立，跨界经营的企业相对较少。但在未来，家纺、家居的行业边界将会逐步模糊，呈现一体化发展的趋势。随着消费者消费水平的提升、消费结构的升级，消费者对家纺产品的需求不仅仅体现在家纺产品本身，而会更加关注其文化品位，特别是与整体家装风格的匹配性。尤其在“大家居”的概念下，这种融合已经愈来愈明显。家纺企业与家具、家饰、室内设计企业的抱团发展，也给消费者提供了一站式、一体化的家居解决方案和服务。但是家居家纺的融合不仅仅体现在产品品类的简单叠加，而是企业围绕不同圈层消费者的需求来设定情境，以满足多层次消费需求。

（4）家纺业加快线上线下全渠道融合

当今我们处在一个互联网的时代，电子商务正以其直接、快速、低成本的优势改造所有传统行业。目前电子商务对家纺行业的影响逐渐深入，并成为重要的销售渠道之一。根据统计，2016 年，家居家装交易规模占整个网络零售的 17%，超过服装成为占比最高的品类。可以预见，家纺产品网络零售总额将会进一步快速增长，占总体销售额的比重将会进一步提高。尽管线上家纺销售具备价格低、可选择性多、渠道短、信息透明等优势，但是近年随着网络竞争越来越激烈，线上销售渠道的成本也在迅速攀升。2016 年马云在“新零售”中提出，未来将没有纯电商、纯线下之分，线上线下不是完全替代，而是相辅相成、深度融合。在家纺领域也是如此，尤其是在中高端领域，消费者更加关注家纺产品的品牌，而品牌是产品品质、文化品位、渠道、服务等众多元素的综合体现，线下渠道则是品牌塑造的关键环节之一。家纺线上线下渠道的深度融合，使得消费者在线上互动能更全面了解商品信息，也可以线下实地感受商品。家纺线上线下融合也将给用户提供更好的购物体验。

(5) 绿色环保家纺是市场发展趋势

现今，消费者在购买家纺用品时，除了看款式、价格、质量之外，非常注重产品是否具有环保、低碳功能。近两年，但凡以环保为特色的产品，往往更能吸引消费者的眼球，因此我国床上用品行业越来越重视生产工艺的绿色环保，逐渐摒弃了以往高能耗、高污染的传统的处理纱线面料工艺，同时绿色环保纤维的使用日益成为趋势。例如某家纺从2015年就推出了生态家纺概念，通过对传统草本染色技术的发掘与研究，尝试将这种原生工艺运用到家纺产品中，以此迎合目前的市场潮流。在床上用品行业竞争日趋激烈的今天，家纺企业可在绿色、环保的道路上进行更多探索，从而让产品拥有自己的闪光点，在满足消费者不同需求的同时，也助力行业的转型升级。

(6) 智能家纺概念将进一步延伸

智能家居是行业未来的发展方向，家纺产品是智能家居的一部分，在家纺行业“十三五”规划中，也提出了家纺智能化的发展规划。目前，市场上主打智能的家纺产品不断增多，比如智能床垫的太空记忆绵床垫，可以为人体提供舒适完美的支撑力，保护脊椎。智能枕头在用户入睡前可以播放人们喜爱的音乐，在入睡后还能够监察睡眠状态。未来，随着科技的发展，家纺传感器将变得可水洗，更柔软，舒适性更强；床品、枕头以及毛巾在细菌超标时，将自动变换颜色，提醒使用者清洗；窗帘可以根据光线的强弱自动调节进光量，有雾霾时将自动拉起防雾霾窗帘。家纺产品与人们的健康息息相关，行业应引导家纺企业向智能化发展，将家纺产品纳入到健康产业中。

(三) 2016年我国化妆品市场销售运行情况

2016年，我国经济增速进一步回落至6.7%，但四季度相比三季度环比有所上升。我国经济进入新常态后，消费品市场也随之发生一些改变。作为“美丽经济”代表的化妆品市场，经过多年的发展，2016年增速继2015年后仍然处于较低区位；不同品类市场进一步分化，优势品牌激烈竞争下有升有落；受基数大和起步较早影响，一线城市增速低于二、三线城市；在CPI涨幅上升的背景下，化妆品零售价格涨幅也有所回升，且从全年月度增速走势看，2017年仍将面临价格上涨压力。

1. 化妆品零售额增速仍处于低位

根据国家统计局发布的数据，2016 年我国限额以上企业化妆品类零售额为 2222 亿元，同比增长 8.3%，增速相比上年回落了 0.5 个百分点，也是自 2012 年以来化妆品类零售额增速的连续第五年回落。化妆品市场的个位数增长开始趋于常态化。

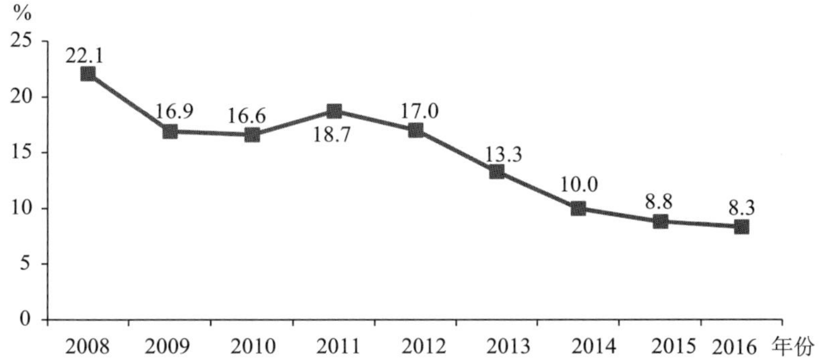

图 47　2008–2016 年限额以上企业化妆品零售额增速

数据来源：国家统计局

根据中华全国商业信息中心的统计数据，2016 年全国重点大型零售企业化妆品类零售额同比增长 1.9%，虽然相比上年略有回升，但仍大幅低于 2013 年以前的增速水平。

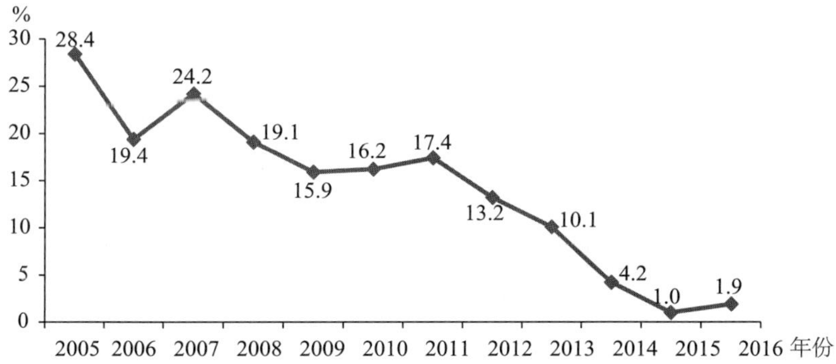

图 48　2005–2016 年全国重点大型零售企业化妆品零售额增速

数据来源：中华全国商业信息中心

2. 全年月度增速走势基本平稳

根据国家统计局的统计数据，2016 年限额以上企业化妆品类零售额月度增速虽然有一定的波动，但从全年来看基本平稳，没有呈现出向下或者回暖的趋势。其中，1-2 月、12 月零售额增速最高，分别为 11.4%和 11.0%。

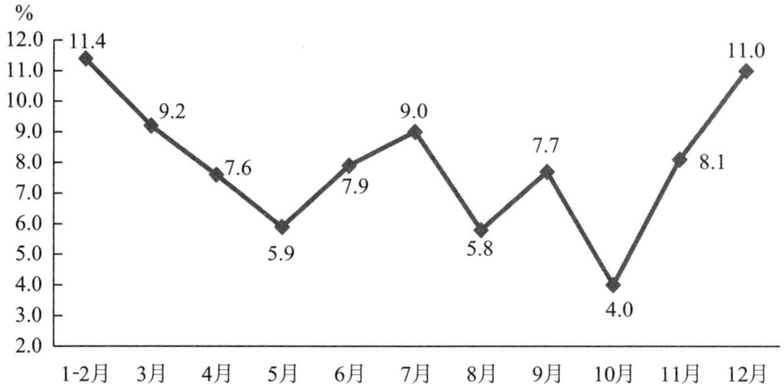

图 49　2016 年限额以上企业化妆品类零售额月度增速

数据来源：国家统计局

从全国重点大型零售企业化妆品类月度增速数据来看，由于全年化妆品市场销售都比较平淡，因此月度增速受上年同期基数的影响最大。

3. 美容彩妆品同比正增长，护肤品、香水同比下降

根据统计，2016 年全国重点大型零售企业主要的化妆品品类中，只有美容彩妆品实现了零售额的同比正增长，增速为 0.9%，护肤品零售额同比下降 2.1%，香水零售额同比下降 6.4%。

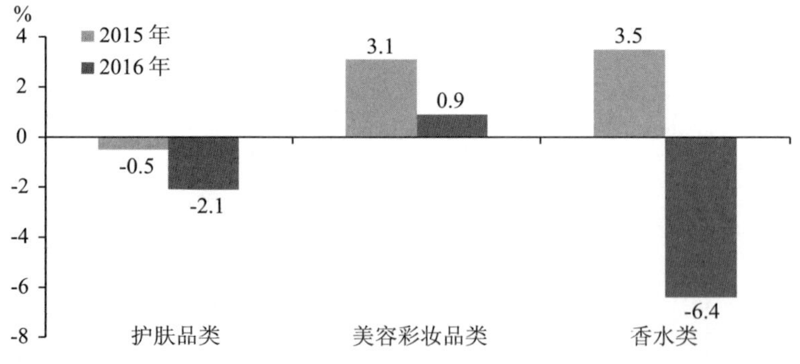

图 50　2015-2016 年全国重点大型零售企业主要化妆品品类零售额增速

数据来源：中华全国商业信息中心

与上年相比，三个品类零售额增速均有明显回落，其中香水市场

回落幅度最大，增速低于上年近 10 个百分点。

4. 一线城市化妆品零售额增速低于二、三线城市

根据中华全国商业信息中心的统计数据，2016 年全国重点大型零售企业化妆品一线城市市场零售额同比下降 0. 8%，低于二线城市的上涨 2. 6%和三线城市的上涨 2. 1%。相比 2015 年，一、二、三线城市化妆品零售额增速均有所提升。

从各品类来看，香水在一线城市相对来说降幅最窄，在三线城市降幅最深。

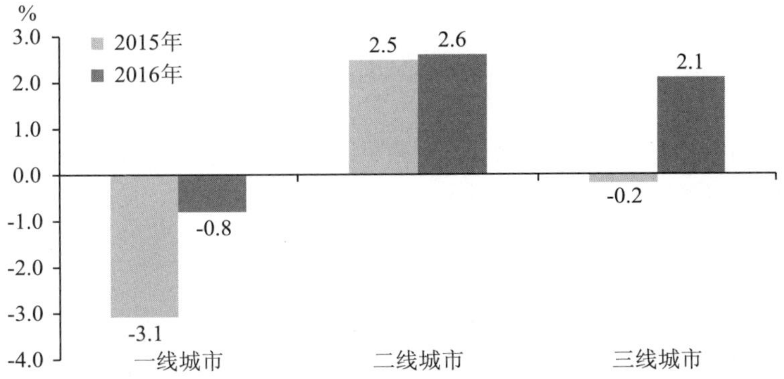

图 51　2015-2016 年全国重点大型零售企业分线城市化妆品零售额增速

数据来源：中华全国商业信息中心

5. 零售价格同比上涨 1. 1%

根据国家统计局发布的数据，2016 年我国化妆品零售价格同比上涨 1. 1%，涨幅相比上年提升了 0. 5 个百分点。

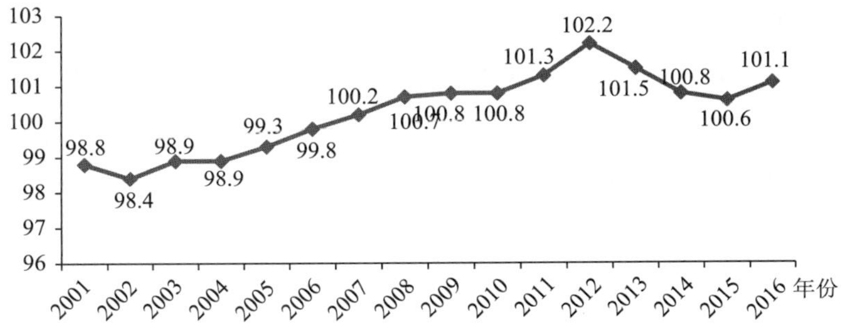

图 52　2001-2016 年化妆品类零售价格指数（上年=100）

数据来源：国家统计局

从月度零售价格指数情况来看，2016 年全年化妆品零售价格涨幅呈现出明显的逐渐升高态势，其中，1 月、2 月零售价格涨幅均为 0.4%，而年末的 11 月、12 月则均为 1.5%，相比年初升高了 1.1 个百分点。

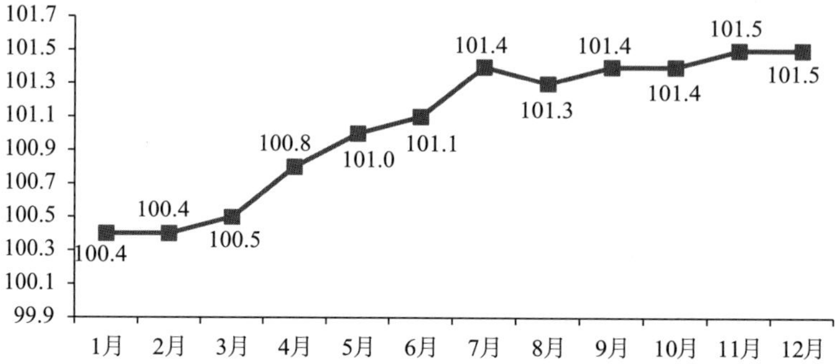

图 53　2016 年各月化妆品类商品零售价格指数（上年同月=100）

数据来源：国家统计局

6. 2016 年化妆品市场销售特点分析

（1）品质和用户口碑最为重要

总的来说，经过多年积淀形成的对品牌专业性的信赖，是化妆品企业的最重要竞争力。

首先，化妆品作为快消品，回头客的重复购买率是促进销售的业绩保障，因此产品品质和购买过程中包括各方面服务在内的消费口碑成为最重要的因素。在保障产品高质量的基础上，人性化地形成卓越极致的消费体验，口碑效应的导流价值就会逐步体现，从而增加消费群体对品牌的粘性。

其次，以前化妆品行业特别注重营销，即在媒体上铺天盖地地进行广告渗透，但随着现在互联网的发展和信息传播速度的加快，每个个人都是一个可以有很大影响力的“自媒体”，信息对称化和透明化特点突出，这种情况下，宣传做得再好，广告铺得再多，质量和用户口碑跟不上的话，也会被消费者所摒弃。

（2）市场热炒“抗雾霾”功效

中国的环境问题近几年成为广大民众的重点关注事件，面对消费者的焦虑心理，化妆品市场中“抗污染”、“防雾霾”的概念开始被热炒。不仅中小品牌跟进这一细分市场，宝洁、雅诗兰黛、欧莱雅、理肤泉、雅漾、丸美等知名大品牌也纷纷推出抗污染产品系列，如对抗PM2.5、抗雾霾、拒绝雾霾肌等。一方面，这说明化妆品企业对于市场出现的新变化和消费者的新需求响应更快，一个具有潜力的细分市场正被打开，另一方面，国内尚无护肤品抗雾霾相关标准，化妆品企业应基于研发拿出确有功效的产品，而不能沦为概念炒作。根据微信某公众号针对615名消费者的一项调查显示，高达65%的人认为“抗雾霾化妆品没有用，只是个噱头”，要取得消费者的信任，还任重道远。

（3）性价比高的品牌发展提速

在反腐倡廉的大背景下，我国市场中公务消费、送礼消费大幅减少，前几年以护肤品、香水等为代表的高端化妆品市场销售火热的现象得到了冷却，一方面，高端化妆品销售增速的下滑拉低了整体市场的增速，另一方面，消费回归常态，一些面对大众消费者的性价比高的品牌快速发展起来。

此外，除公务消费、送礼消费明显减少，我国高资产的消费者也正在发生变化，表现为由前期的“面子”、“大牌”炫耀性消费逐渐回归成熟和理性，从其它市场来看，这几年拥有财富的中产阶级及以上消费者对于品牌消费的去LOGO化很明显，转而关注体验性更好并能更好彰显个人风格、气质的品牌，这些品牌相对小众，性价比也更高。

（4）化妆品品牌主打生活方式概念

从整个化妆品市场来看，不管是国际知名化妆品巨头，还是国内大众定位的化妆品集团，推出的品牌不再是以单一产品为主，而是越来越注重全身的护理甚至包括家庭空间香氛的使用，卖点也不再仅仅停留在实际使用功效如增白、祛痘、延缓衰老上，而是给出一种生活方式的概念，以这种整体的生活感觉去打动消费者。近几年，有些化妆品品牌在电商、KA、CS渠道之外，也要开设品牌专卖店，与其说专卖店是销售渠道之一，不如说更充当了品牌展示、体验的旗舰店角色，店铺通过外观、颜色等形象设计，再辅之以品牌故事和品牌文化，赋予品牌情感化的印象和烙印，从而将生活方式和价值观渗透给消费者。

（5）小众品牌增长迅速，挑战传统优势品牌

经过二十多年的市场发展，我国化妆品行业正走向一个转折点，那就是随着消费者基础需求得到满足和消费需求的进一步细分，传统化妆品大牌虽然现有市场份额较大，但增长受到挑战，遭遇发展瓶颈，而个性化、高端、小众品牌更能适应年轻消费者的需求，增长迅速。这在我国市场中表现为一些传统欧美优势大牌如欧雅莱、雅诗兰黛旗下化妆品销售增长放缓，而一些日韩本土品牌通过热播剧、明星网红引导、网络口碑传播等被国内的消费者所认知和热捧，开始进驻国内市场并取得不俗业绩。根据财报，爱茉莉太平洋集团 2016 年整体销售额同比增长 18. 3%，而得益于中国市场的快速发展，在除本土以外的亚洲地区销售额同比实现增长 38%。

（6）线上销售快速增长

首先，我国消费者越来越倾向于网络购物，消费习惯已经形成，而化妆品是我国在线购物最受欢迎的品类之一，网络购物平台有更多的品牌和更多类型的产品能够满足消费者多样化而又细分的需求。根据星图数据发布的《2016 年线上化妆品消费大数据白皮书》，虽然 2012 年以来化妆品电商增速整体有放缓趋势，但至今仍然保持了两位数的较快增长，且线上市场呈现出高端化的趋势。根据统计，2016 年“双十一”当天全网化妆品销售额高达 212. 4 亿元，占全网总销售额的 12. 0%，而且与往年不同的是，兰蔻、海蓝之谜等外资高端品牌几乎全部都参与了网上销售。

7. 我国化妆品市场仍有较大增长空间

根据新华社刊载的文章，统计显示，我国目前人均化妆品消费额每年不过 35 美元，而日韩等发达国家普遍达到 200 美元以上的水平。近些年尽管面临经济放缓和消费品市场增长放缓的挑战，但我国化妆品市场随着我国人均收入水平提升、中产阶级崛起下消费需求的升级，未来仍将有较大的增长空间。

此外，近两年化妆品的海外购物热也表明，我国消费者对于化妆

品的需求仍没得到充分满足，市场仍有未被填补的空间，只要国内化妆品企业把产品品质提上去、同样品质的中高端品牌价格降下来，就有可能把这些海外购的消费留在国内。

（四）2016 年我国洗涤用品市场销售运行情况

1. 洗涤用品零售额同比增长 14.1%

2016 年我国洗涤用品市场经历了 2015 年的显著下滑后，市场销售有明显回升。根据中华全国商业信息中心的统计，2016 年全国重点大型零售企业洗涤用品类商品零售额同比增长 14.1%，增速相比上年回升 14.8 个百分点，但仍低于 2009–2014 年的增长水平。

图 54 2009–2016 年全国重点大型零售企业洗涤用品零售额增速

数据来源：中华全国商业信息中心

从月度增速数据来看，除 5 月、12 月等个别月份外，其余月份洗涤用品市场均实现了零售额的两位数同比增长。

2. 增速高于化妆品市场 12.2 个百分点

经过多年发展，我国化妆品和洗涤用品两个密不可分的日化市场都经历了早年的爆炸式成长，逐渐进入平缓增长期。根据中华全国商业信息中心对全国重点大型零售企业的统计数据，2016 年我国化妆品市场同比增长 1.9%，连续两年个位数增长。相比之下，洗涤用品市场仍实现了零售额两位数的同比增长，2016 年增速快于化妆品市场 12.2 个百分点。

从大体趋势来看，除 2015 年我国洗涤用品市场明显下滑，整体洗涤用品市场增速明显快于化妆品市场，且差距略呈扩大之势。这是因为我国进入经济增长新常态后，随着人民收入水平增长的放缓，消费

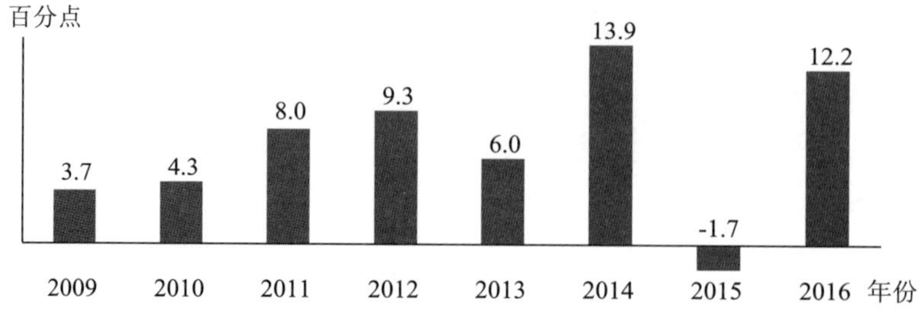

图 55　2009-2016 年全国重点大型零售企业洗涤用品销售增速快于化妆品销售增速

数据来源：中华全国商业信息中心

品市场也随之放缓，化妆品市场面临消费渠道下移、消费者转向性价比更高的品牌等挑战，而洗涤用品市场则刚性很强。此外，由于我国化妆品市场中存有较大的细分和升级需求空白，再加上同样质量的产品国内外价格悬殊，导致海淘、海外旅游购等很大程度上造成了消费的外流，而洗涤用品作为日常生活中价格低、高频次的基础需求产品，没有遇到这方面的严重问题。

3. 一、二、三线城市洗涤市场呈现明显分化

分线城市看，2016 年二、三线城市大型零售企业洗涤用品销售增速均呈现同比正增长。其中二线城市销售涨幅最高，为 17. 2%，三线城市零售额同比增长 6. 6%，而一线城市洗涤用品市场则大幅下滑。

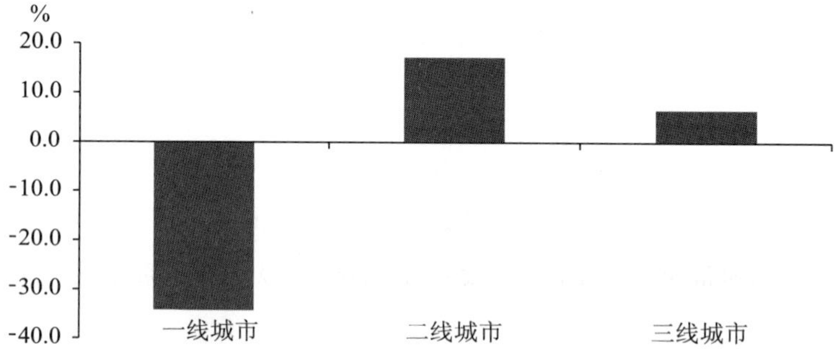

图 56　2016 年分线城市大型零售企业洗涤用品零售额增速

数据来源：中华全国商业信息中心

4. 合成洗衣粉、香皂零售额降幅继续扩大

从主要品类销售情况看，根据中华全国商业信息中心的统计数据，2016 年合成洗衣粉和香皂两个传统洗涤品类的零售额降幅仍在扩大。

2016 年，全国重点大型零售企业合成洗衣粉类商品零售额同比下降 12. 4%，降幅在上年扩大 10 个百分点的基础上又扩大了 1. 4 个百分点；香皂类商品零售额同比下降 8. 9%，增速在上年回落 10 个以上百分点的基础上再次回落了 4. 8 个百分点。

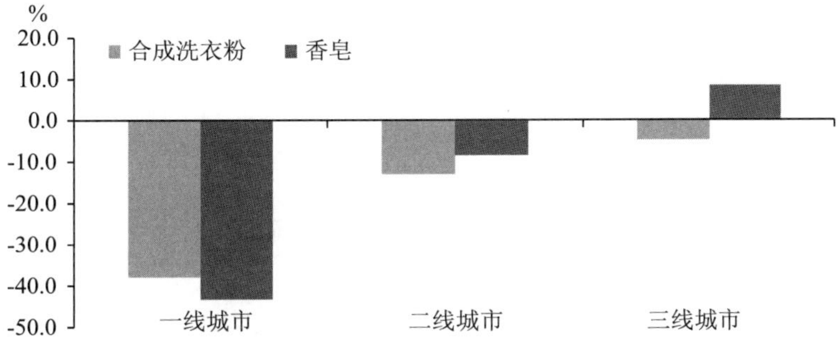

图 57　2016 年合成洗衣粉、香皂在不同城市零售额增速

数据来源：中华全国商业信息中心

其中，合成洗衣粉和香皂零售额在一线城市市场的降幅最大，均超过了 30%，在二线城市分别下降 13. 0%和 8. 5%，香皂则在三线城市市场实现了同比 8. 3%的正增长。

5. 未来洗涤市场发展趋势

在研究洗涤用品企业未来的发展出路之前，首先要明确一个大的背景，那就是：我国零售市场和消费者都已经发生了明显改变。

建国 60 多年以来，我国的消费环境已经发生了翻天覆地的变化：50-80 年代初，我国城镇居民年均收入小于 300 元，消费品市场中商品非常短缺，消费者处于“物质”阶段，能买到产品就是好的；80 年代末到 2000 年末，我国城镇居民年均收入在 1500 到 15000 元之间，消费者处于“物质+”阶段，这个阶段消费品市场中渠道为王；从 2009 年到现在，城镇居民年均收入从 17000 元达到 32000 元，生活水平大幅提高，我国消费品市场非常明显地呈现出供大于求特征，此时消费者为王，而消费者也不再仅仅满足于物质，而是追求精神层面的“情感”，如被尊重感、快乐时光、与时俱进的良好感受等。

结合以上背景，再纵观 2016 年国内外的发展形势，未来洗涤企业要想继续占有一席之地，应该做到以下几点：

（1）国际市场要更加专业，提升中国制造，而不是代加工

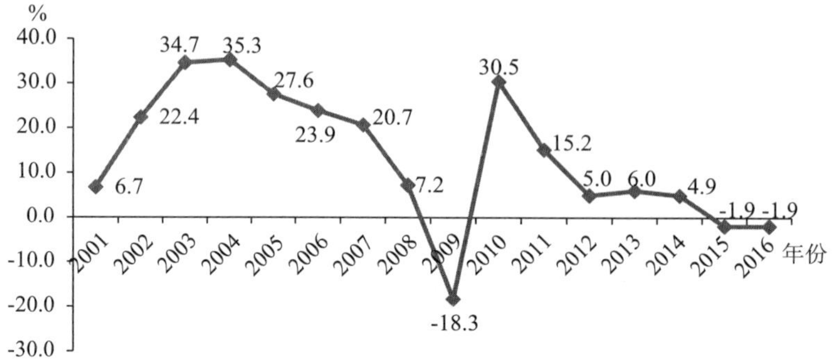

图 58 2001-2016 年我国出口额增速

数据来源：国家统计局

放眼全球，2016 年世界发生了一系列大事：英国脱欧、川普当选美国总统、德国默克尔难民危机、欧洲极右政党得势、意大利也马上面临脱欧公投，这些无一不传达出民族主义、保守主义、排外主义的信号，资本全球化的进程也受到一定阻碍，从数据来看，我国出口额增速已经进入连续下滑通道。因此我国日化企业的出口之路将愈发艰难，必须要做到在国际市场中的专业性，提升中国制造。

（2）要充分了解年轻消费者的变化

对任何一个行业的研究，最后都会落为对于人的研究。就消费市场而言，了解消费者、满足消费者是发展的根本动力和最终目的，而年轻的消费者如 80 后、90 后则代表着市场的未来。每一代消费者都有独特的成长背景和社会环境，因此消费心理和消费行为都具有独一无二的表征。我国知名作家梁晓声根据所处的社会阶层把我国青年分为四类，分别是富二代、中产阶级子女、城市平民子女和农家子女，具体分析了每类青年的心理和消费需求，具有积极的借鉴意义。

（3）重视超市自营洗涤品牌的竞争

在当下竞争激烈、零售增速放缓的大环境下，我国百货商场、超市又在重新审视和考虑自营商品模式，尝试加大自营比例。超市自营洗涤品牌有以下突出优势：洗涤用品属于高频率的消费品，能够充分利用自身渠道的资源优势形成规模效应；品牌自身的定位、档次与超市本身更为契合；自有品牌具有成本优势，且商品具有唯一性，因而

可以掌控定价权等。大商的新玛特、物美的省好多，沃尔玛的宣洁等，都在各自的超市卖场与其他品牌相竞争。

（4）要不断创新，推出新的产品

目前的市场低迷，与我们的市场缺乏变化不无关系。根据市场规律，产品周期3-5年，就要推出新的产品；以洗衣液为例，刚推出时迅速增长并抢夺洗衣粉市场份额，但5、6年过去后，增速已经趋于平缓，2015年同比增长3.5%，2016年零售额甚至开始同比回落。市场需要新的产品来刺激。在洗涤产品创新和升级中，“安全”性越来越重要，此外为消费者提供便捷、简单的使用体验也很重要。越是最简单的功用，消费者接受越快。

（5）增强体验，实体店功能无法取代

相比于商业时代，消费者关注的重点因素在于产品功能、性价比，可以说现在我们已经迈入“后商业时代”，即卖感觉，卖“值不值”。消费者看重因素更广，包括服务、健康、环保、品牌形象、产品文化甚至网红等。即便网络渠道增长很快，我们通过数据对比可以知悉，网络销售突出的品牌也都是在线下做得好、消费者通过实体体验建立起信心的品牌，所以未来市场中，消费者体验是非常重要的一环。实体店作为载体，应该向消费者提供如下体验：传递给消费者快乐和音乐感；成为消费者与商品之间的专业桥梁；把商品质量、店的方便舒适、企业的诚信等信誉展示给消费者。

（五）2016年我国家电市场销售运行情况

2016年，我国家电市场上半年相对平淡，下半年在内外需回暖的带动下市场实现较快增长，家电出口明显改善，行业经济效益较上年有了显著提升。根据中华全国商业信息中心统计，2016年百家重点大型零售企业家电零售额同比增长0.5%，实现三年来首次正增长。根据国家统计局数据显示，2016年家电主营业务收入1.46万亿元，同比增长3.8%，增速较2015年提高4.2个百分点，家电利润总额达到1196.9亿元，同比增长高达20.4%，增速较2015年大幅提高12个百分点。

1. 大型零售企业家电销售实现正增长

根据中华全国商业信息中心统计，2016 年全国百家重点大型零售企业家用电器零售额同比增长 0.5%，增速较上年提高 4.3 个百分点，近三年来首次实现同比正增长。从近五年家电市场的情况来看，“以旧换新”“家电下乡”“节能补贴”等国家刺激政策在 2014 年前陆续结束，消费潜力提前释放、电商冲击以及宏观经济放缓等因素抑制了家电业的快速增长，大型零售企业家电销售额甚至出现下滑。近年来，房地产市场增长较快，带动了居民购置新家电的需求，同时，家电新功能、新设计频出，为家电市场注入了新活力、新体验。因此，2016 年大型零售企业家电销售实现正增长。

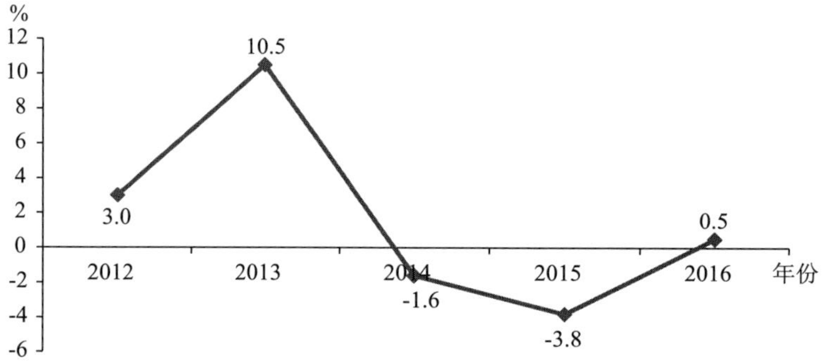

图 59　2012-2016 年全国百家重点大型零售企业家用电器零售额同比增速

数据来源：中华全国商业信息中心

从国家统计局发布的数据来看，限上单位家用电器和音像器材零售额同比增长 8.7%，增速虽较上年放缓 2.7 个百分点，但依然保持着较快的增长速度。

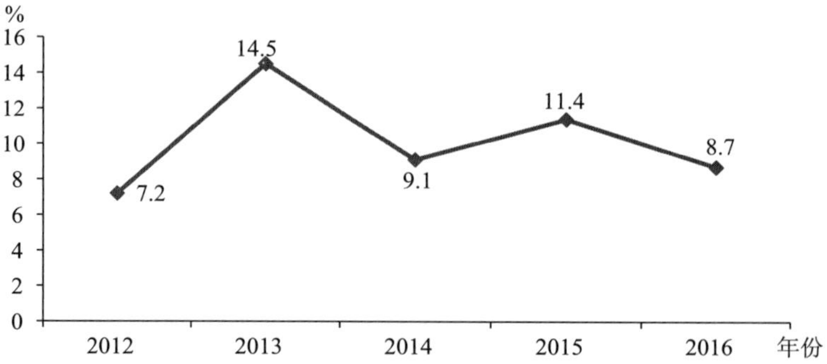

图 60　2012-2016 年限额以上企业（单位）家用电器和音像器材零售额增速

数据来源：国家统计局

2. 空调零售额增速快于上年

根据中华全国商业信息中心统计，2016年全国重点大型零售企业空调零售额同比增长1%，增速较上年有所提升；洗衣机零售额同比下降1.1%，增速较上年下降3.2个百分点；电冰箱零售额同比下降4.4%，降幅较上年扩大1.9个百分点。

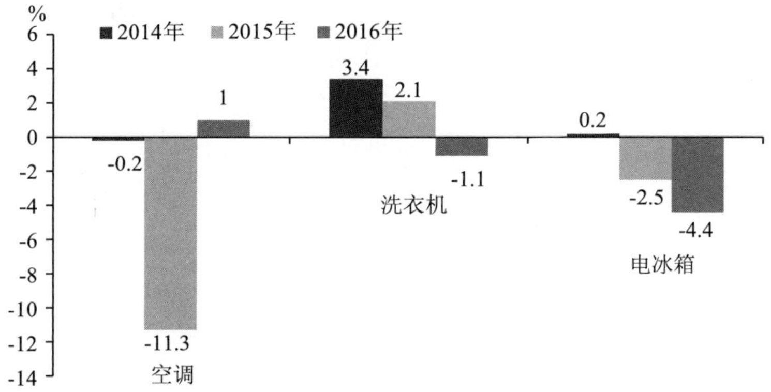

图61　2014-2016年全国重点大型零售企业三大家电零售额增速

数据来源：中华全国商业信息中心

根据产业在线的三大白电的销售数据，2016年空调、冰箱、洗衣机总销量同比分别增长1.9%、1.7%和6%，增速较上年分别提高10.1、5.1和6.4个百分点。

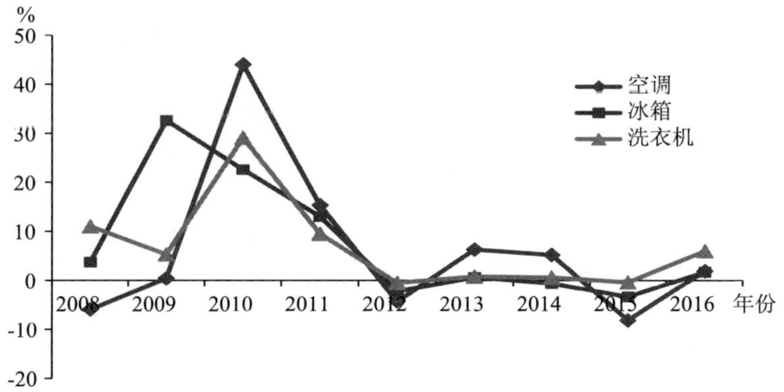

图62　2008-2016年三大家电总销量同比增速

数据来源：产业在线

3. 三大白电下半年产销情况较好

从各月情况来看，上半年空调和冰箱在高库存的影响下，整体产销同比大幅下滑。下半年随着旺季的到来，家电内销市场逐步好转，同时随着外需回暖，下半年我国家电出口有所回升。另外，2016 年大宗商品价格上涨带动原材料价格上涨，加之物流费、人工费都在上涨，家电业具有较强的成本上涨预期，因此下半年生产企业扩大生产和商家提前备货，在一定程度上促进家电市场产销向好。

其中，空调市场下半年在全球高温的影响下外需回暖，国内房地产市场快速增长也带动了国内市场出现热销。冰箱市场则基本饱和，目前市场主要以改善型需求为主，消费升级促进冰箱产品结构发生明显变化，大容量、变频、高效节能产品将保持较快增长。

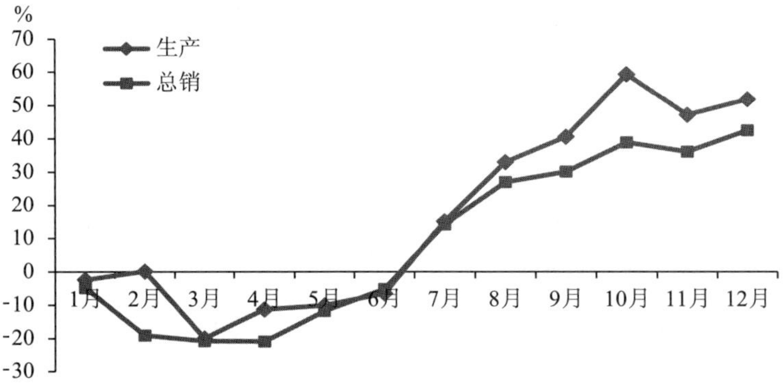

图 63　2016 年空调各月产销增长情况

数据来源：产业在线

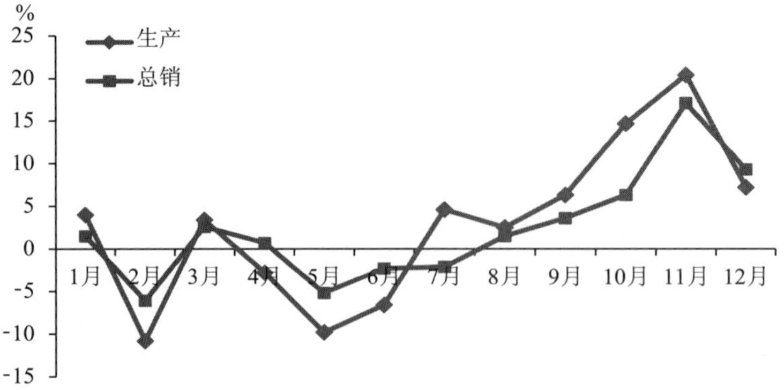

图 64　2016 年冰箱各月产销增长情况

数据来源：产业在线

与空调、冰箱上下半年冰火两重天的市场行情相比，洗衣机全年产销情况相对稳定，总销量除了 2 月份同比下降 3.5%以外，其他各月份均实现同比正增长。洗衣机市场的增长主要是由于产品转型升级的带动，一是滚筒洗衣机价格更加实惠，普及率持续提高；二是健康洗、变频等技术更加成熟，促进了洗衣机增长；三是烘干洗衣机、分桶洗衣机、儿童洗衣机和女性洗衣机等小众新产品相继出现，激发了消费者的购买欲望。

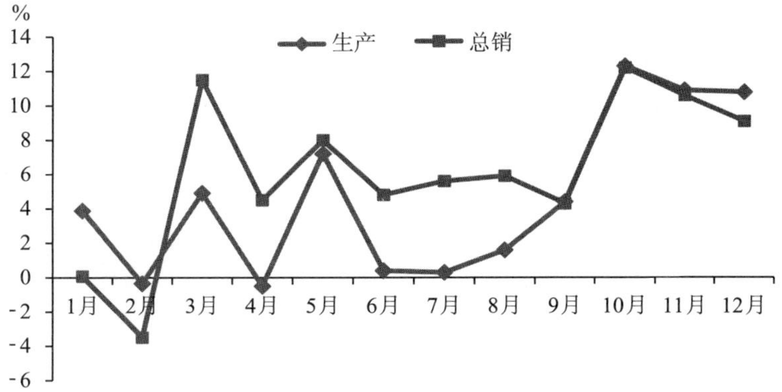

图 65　2016 年洗衣机各月产销增长情况

数据来源：产业在线

4. 价格降幅略有扩大

2016 年，我国家用电器和音像器材市场平均价格继续下降，且降幅略有扩大，根据国家统计局数据，家用电器和音像器材商品零售价格同比下降 1.8%，降幅较上年扩大 0.7 个百分点。

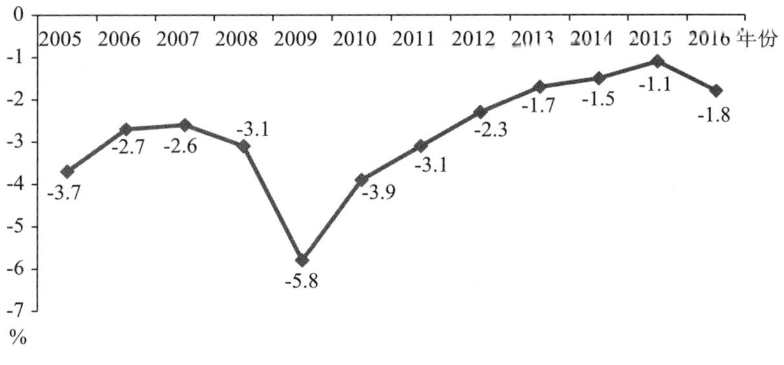

图 66　2005-2016 年家用电器和音像器材商品零售价格同比增速

数据来源：国家统计局

5. 四大家电出口大幅改善

和 2015 年家电出口全面下滑相比，2016 年空调、冰箱、洗衣机、彩电出口量均实现较快增长，除洗衣机外，其他三大品类家电出口额均实现同比正增长，家电出口整体改善。

根据海关总署最新公布的数据，2016 年空调出口量达 4273 万台，同比增长 15.6%，出口额为 526.6 亿元人民币，同比增长 10.5 %；冰箱出口 4433 万台，同比增长 11.8%，出口额为 371.6 亿元人民币，同比增长 10.1 %；洗衣机出口 2249 万台，同比增长 6.3 %，出口额为 216.5 亿元人民币，同比下降 0.9%；彩电出口总量达 8064 万台，同比增长 12.3%，出口总金额 809.7 亿元人民币，同比增长 4.2%。

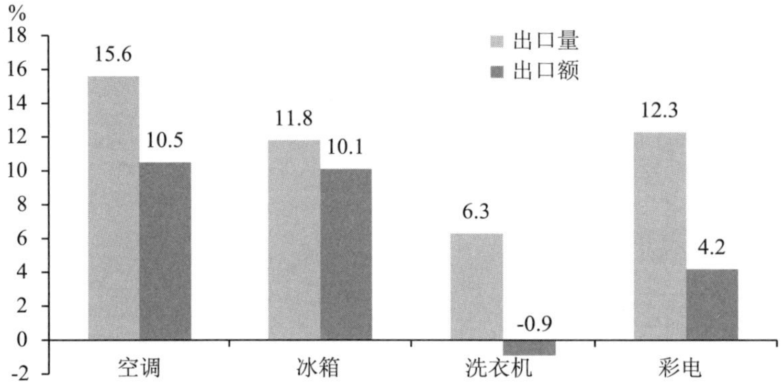

图 67　2016 年四大家电出口同比增速

数据来源：海关总署

6. 2017 年家电市场发展趋势

2017 年，家电市场既需要面对成本上涨的压力，也迎来消费升级的机遇。家电市场改善型需求潜力巨大，市场对家电产品的需求呈现出高品质、高能效、高时尚度、多功能的发展趋势。前期房地产市场快速增长，以及新型城镇化持续推进都将带来一定的家电新增需求。家电企业智能制造和多渠道融合趋势不变。整体来看，2017 年的家电市场依然具有较好的前景，家电产品将继续朝着提升生活品质、简化生活繁琐杂务、功能特性快速更新的方向发展。

（1）市场集中度将继续提升

2017 年，家电市场集中度将继续提升，行业分化更加明显，其原因如下：一是消费升级趋势明显，市场对家电产品的需求呈现高端化、时尚化、个性化特征，在家电产品普及率接近饱和，改善型需求潜力巨大的背景下，家电龙头企业的技术优势和资金优势愈发明显，因此也更能实现消费者日益提升的消费需求；二是2016年出台的一批家电新标准再次提升家电能效要求，并且对空气净化器等新兴小家电市场作出明确规范，标准提升和市场规范将更有利于大品牌的发展；三是2017年，家电企业生产成本持续提高，大企业对原材料议价能力明显强于小企业，而且可以通过规模生产缓解一定的成本压力，因此家电市场强者愈强的局面将更加明显。

（2）家电健康概念日益深化

随着生活水平的不断提高，人们更加重视自己和家人的健康以及环境卫生，这种趋势反映在家电行业，就是消费者在选购家电时，会意识到产品在健康方面所能带来的附加价值，并愿意支付一定费用购买带有健康功能的家电产品。企业通过提升产品健康功能，并引导消费者进一步通过使用家用电器产品，提高对健康安全的诉求将成为2017年家电行业的一大亮点。一是以空气净化器、水净化设备为代表的健康家电行业标准将不断规范，市场依然会保持较快的增长速度；二是改善家庭卫生方面的小家电，如吸尘器、扫地机器人等清洁电器也将越来越受到消费者的关注；三是针对近年来空气污染、水污染、在外就餐卫生质量不尽人意等问题，带有除PM2.5功能的空调、免二次污染的洗衣机、保鲜性能的电冰箱等功能升级产品将激发消费者对健康家电购买的新需求。

（3）厨电市场将保持较快增长

尽管现代生活节奏加快、人们在外就餐频次提高，但家庭观念和品质要求也在持续提升。对很多消费者来说，享受家人烹饪的美食可以带来很大的幸福感，甚至有观点认为厨房将取代客厅成为家人沟通的最重要场所。因此，厨电一直以来被家电行业视为这一阶段市场增长的重要驱动力。据中怡康测算数据显示，2017年，家电整体规模将达16403亿元，同比增长4.5%。其中，白色电器、黑色电器、厨卫电器、生活电器零售额同比增长分别为0.5%、5.4%、9.9%、11.9%，厨房电器和生活电器产品增速远高于传统家电的增长。同时，随着新技术、新产品的快速出现，未来厨电市场高端产品占比将进一步扩大。

新型城镇化建设以及2016年一、二线城市房地产市场回升也将为高端厨电产品增长提供良好的消费基础。另外，随着消费者对美观的要求越来越高，小户型房屋的不断增多，嵌入式产品将实现较快增长。

（4）农村市场仍具有较大发展潜力

我国城乡家电市场差距依然明显，农村物流条件相对较差，导致价格相对较高，同时农村家电商品种类较少，为实现城乡二元化转型，应该给农村市场创造一个相对公平、公正的消费环境，把高品质家电产品以合理的价格销售给农村消费者。因此，国家一直以来从教育、城镇化、扶贫、就业、医疗等多个方面努力为农村家庭提供更多的保障和推动，极力提升农村家庭收入，转变消费观念，扩大消费支出。2017年，我国减少农村贫困人员1000万以上，实现进城落户人口1300万人以上，提高城乡居民医保补助每人每年从420元到450元，推动城乡义务教育“二免一补”的城乡统一。家电行业也将更加注重挖掘农村消费潜力，实体渠道和电商渠道将继续下沉，以高品质、同价格的商品为广大农村消费者带来生活的便利。

（5）继续向智能化、多渠道方向发展

2017年，我国家电生产企业将继续朝着智能制造方向发展，销售端则更多地呈现出多渠道融合发展的特征。《中国智能制造十三五规划》提出，到2025年，智能制造支撑体系基本建立，重点产业初步实现智能转型。家电企业向智能制造转型过程中将继续受到国家层面的关注和资金扶持，减员增效将使盈利能力得到提升，有助于实现一套集研发、采购、制造、营销、物流、用户交互、服务于一体的智能生态系统。销售方面，电商与实体店的竞争关系依然存在，但“线上+线下+物流+服务”的模式逐渐成为主流，打造线上与线下相结合的零售模式，成为更多家电企业转型的新思路。

（六）2016年我国食品市场销售运行情况

1. 食品消费价格涨幅略有扩大

国家统计局数据显示，2016年居民食品消费价格同比上涨4.6%，影响居民消费价格上涨0.9个百分点。

从食品类价格的组成来看，2016年食品类价格的上涨主要是由鲜

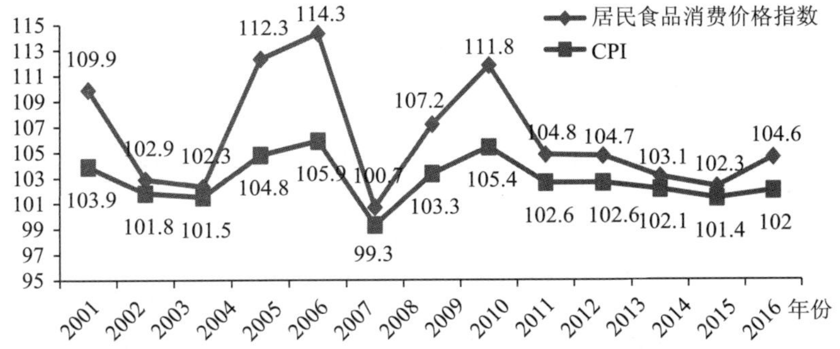

图 68　2004 -2016 年居民消费价格指数和居民食品消费价格指数

数据来源：国家统计局

菜、畜肉类及水产品价格的上涨所带动的。2016 年鲜菜类同比上涨 11.7%，涨幅高于上年同期 4.3 个百分点；畜肉类同比上涨 11%，涨幅高于上年同期 6.0 个百分点；水产品类同比上涨 16.9%，涨幅高于上年同期 15.1 个百分点；而粮食、食用油类、蛋类价格保持基本稳定，为食品价格的平稳运行奠定了良好的基础。

表 7　2015-2016 年食品及分类别价格涨幅及变化幅度

类　别	2015 年涨跌幅（%）	2016 年涨跌幅（%）	变动幅度（百分点）
食　品	2.3	4.6	2.3
粮　食	2	0.5	-1.5
食用油	-3.2	1.7	4.9
鲜　菜	7.4	11.7	4.3
畜肉类	5	11	6
水产品	1.8	16.9	15.1
蛋　类	-7	0.1	7.1
奶　类	-1.1	-5.8	-4.7
鲜　果	-3.8	4.6	8.4

数据来源：国家统计局

2. 限额以上企业食品零售额增速有所放缓

根据国家统计局数据，2016 年，限额以上企业（单位）粮油食品零售额 15055 亿元，同比增长 10.9%，增幅比 2015 年下滑 4.2 个百分点，相比 2014 年下滑 0.2 个百分点，创 2007 年以来的最低增速。

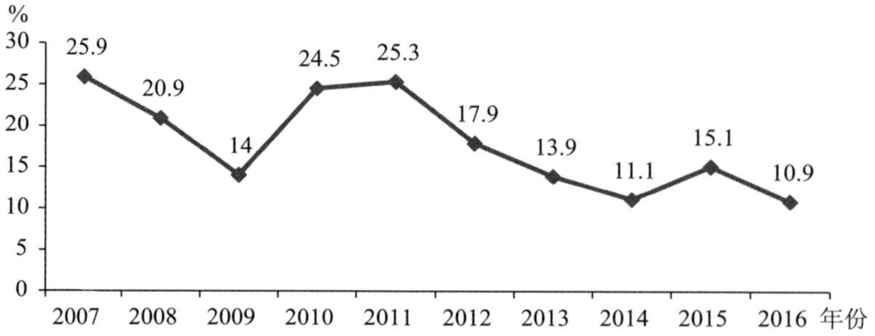

图 69　2007-2016 年限额以上企业粮油食品零售额同比增速

数据来源：国家统计局

3. 大型零售企业零售额增速创历史新低

中华全国商业信息中心的统计数据显示，全国重点大型零售企业粮油、食品零售额增速创新低，2016 年全国重点大型零售企业粮油、食品零售额同比增长 2.9%，增速连续第五年放缓，创历年以来的最低增速。而且 2016 年，食品类居民消费价格涨幅 4.6%，明显高于 2015 年的 2.3%，如果剔除价格因素，零售额增速将更低。

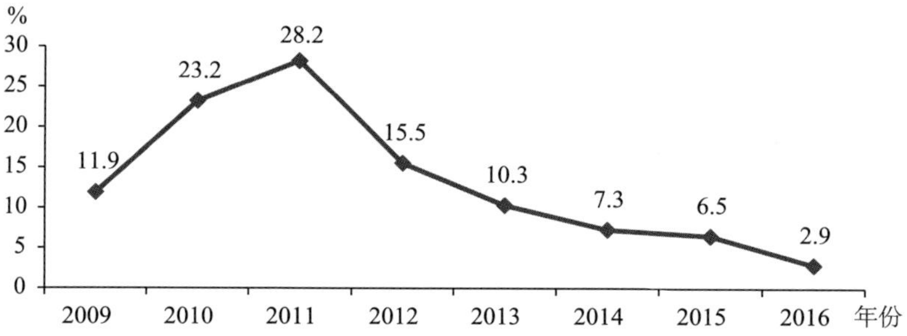

图 70　2009-2016 年全国重点大型零售企业粮油食品类零售额增速

数据来源：中华全国商业信息中心

4. 大型零售企业多数食品品类销售增速放缓

2016 年，全国重点大型零售企业统计的 11 类食品品类中，仅有 4 类食品零售额增速同比实现正增长，分别是食用油零售额同比增长 3.0%、家禽类零售额同比增长 3.0%、蔬菜类同比增长 11.7%、冷冻食品同比增长 8.4%。相比 2015 年，11 类食品中有 7 类品类零售额增速不及上年，其中奶及奶制品增速放缓最为明显，低于 2015 年 9.9 个百分点。

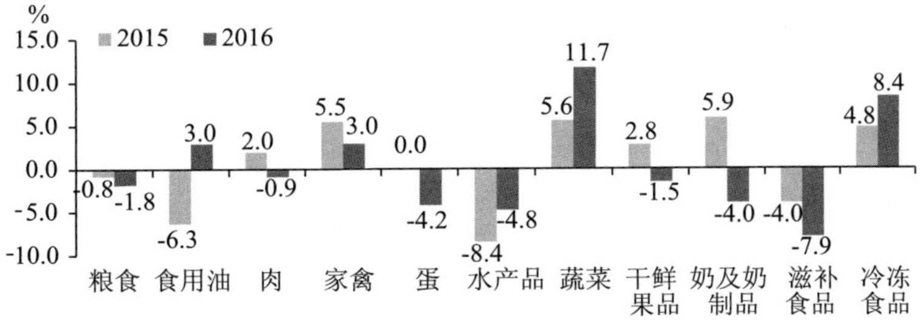

图71　2015-2016年全国重点大型零售企业粮油食品类零售额增速

数据来源：中华全国商业信息中心

5. 大型零售企业食品类销售占比上升

2016年，全国重点大型零售企业粮油食品类零售额占总体零售额的18.5%，相比2012年提升3.2个百分点；服装类零售额占总体零售额的27.0%，相比2012年下降1.6个百分点；日用品类零售额占总体零售额的9.6%，相比2012年上升1.0个百分点。可见，从“吃”“穿”“用”三个维度来看，过去五年在大型零售企业占比最大的服装类比重呈现小幅下降态势，吃类占比则呈现出明显的上升态势，日用品占比也呈小幅上升。

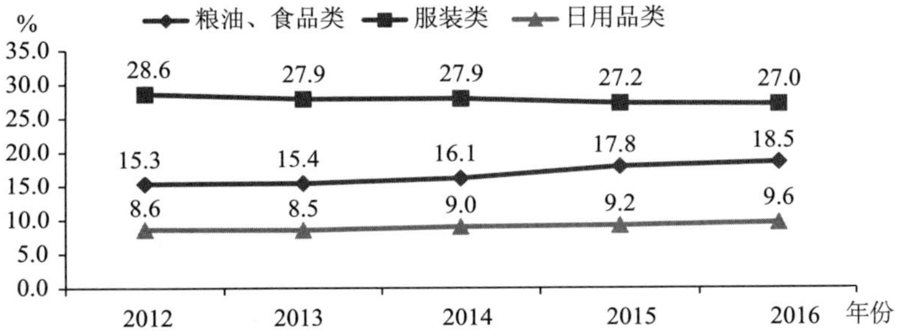

图72　2012-2016年全国重点大型零售企业吃、穿、用占比情况

数据来源：中华全国商业信息中心

6. 节假日拉动大型零售企业的食品销售

全国重点大型零售企业食品销售受节假日影响明显。2016年1月、2月全国重点大型零售企业粮油食品类、饮料类、烟酒类零售额销售情况均较好，这是元旦、春节消费者集中消费的结果，其中2月为全年单月销售额最高的月份。随后，3月-8月零售额水平明显较低，到9月份开始回升，年末的9月-12月四个月零售额也相对较高。

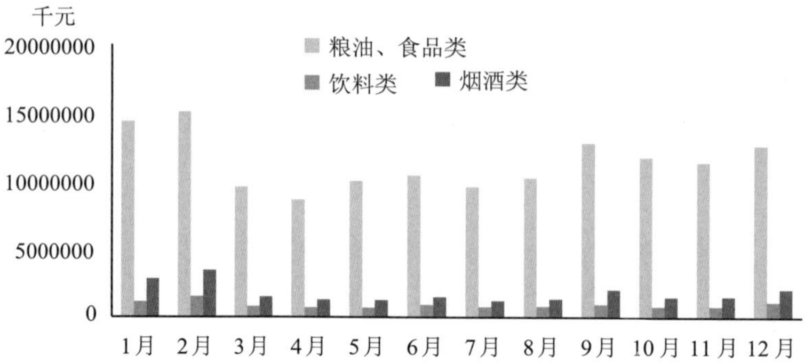

图 73　2016 年大型零售企业分月食品销售情况

数据来源：中华全国商业信息中心

7. 食品消费市场发展趋势

（1）传统销售渠道增长放缓，渠道模式更加注重体验和服务

近年，食品消费渠道出现分化，在食品零售环节，新型渠道的持续扩张形成对传统渠道份额的不断蚕食。目前，传统大型商超、大卖场的食品销售增长普遍放缓，相比之下，小型超市、便利店、自助售货机的情况较好。这主要是由于小型销售渠道能够更好地根据消费者的需求变化而变化，满足了消费者日益个性化的需求。此外，年轻一代消费群体网络消费习惯的形成，也使得食品这一刚需种类销售向网上转移的趋势越来越明显。

因此，对于传统食品渠道而言，面对销售渠道多元化、而产品差异化较小、消费者需求越来越高的市场，企业需要转变过去以商品为中心的经营理念，更多地从消费者需求出发，从提供产品向提供以生活方式为中心的解决方案转变，同时，注重在渠道中加强消费者体验，提供多元化服务。例如，美国的健康食品超市（Whole Foods）是一家连锁超市，现已有 187 家商店分布于全美各地，它吸引顾客的不仅是琳琅满目的商品、宽敞舒适的商店，更重要的是它为客户提供一种新的生活方式，以及顾客认同的价值理念。虽然 Whole Foods 的食品比一般的食品贵，但是顾客也能接受，因为他们觉得自然有机食品是高质量、有品位、有益于健康的。

（2）消费行为将继续向品质化、品牌化转变

从 90 年代开始，消费者对食品的消费需求越来越高，除了量变以

外，也开始了质变，不再一窝蜂地只挑便宜的食品，以满足基本生活所需，而是提高了对食品质量的要求。且随着商品经济的发展，产品开始多样化，食品可选择性提高，消费者也比较挑剔，购买行为也较为理智。同时，食品安全问题频发，使得居民食品品质的要求大幅提高，而且随着亚健康现象的扩大化，使得消费者越来越重视购买健康理念的食品，消费者非常愿意为符合绿色健康理念的食品、品牌付费，这将促进我国食品消费市场向更高层次发展。

（3）家庭小型化对食品消费产生重要影响

国家卫生计生委发布数据显示，1990年家庭户均人数缩减到3.96人，2010年缩减到3.10人。根据国家统计局数据，2012年居民家庭户的平均规模为3.02人。中国家庭类型正经历深刻的变化，家庭规模小型化，单人家庭、丁克家庭、空巢家庭等家庭形态不断涌现。我国家庭规模小型化对消费需求发展将产生重要影响，体现在食品消费方面，大锅饭年代一去不复返，随着家庭规模的缩小，追求饮食质量摆在了首要位置，人们再也不会为温饱发愁，而是考虑该吃什么能够有利于健康和体现生活品质。与此同时，传统的家庭操作型消费向方便、熟食、个性化消费转变。食物支出结构同时也会变化，如在外吃饭的频率加大，便捷化食品、小包装食品的需求增加。

（4）年轻消费群体成为食品消费市场的驱动

出生于80、90、00年代的新一代消费者因为其区别于父辈的消费行为和逐渐上升的消费能力而广受关注。相关数据显示，这些新一代消费者的消费力将以年均14%的速度增长，这一速度是35岁以上消费者消费力增速的两倍，预计将贡献65%的消费增量。新一代消费者正在逐渐成为中国消费市场的主导力量。他们注重品质，对新鲜的事物充满好奇心，崇尚健康的生活方式。在食品方面，新一代消费者愿意花费更高的价格购买健康、新颖的食材，如购买有机食品、进口食品等。新一代消费群体对食品的消费也更理智，对传统品牌的依赖日益减少，而且他们接受新事物、新生活方式的态度和敢于尝鲜的态度，正在重塑中国的食品消费市场。

（5）老龄化趋势促进保健品、健康食品销售

作为现代社会的正常发展趋势之一，中国人口老龄化愈发明显。目前，20岁以下人群以及20至60岁人群呈现持平或微弱的负增长趋势，而60岁以上人口每年以3%的速度增长，占比将在2035年达到中国总人口的27%。除了随之而来的社会问题外，老龄化增速也将对食品和保健品行业提出新的要求。中国国内保健品行业产品相对单一，而需求量巨大，给进口保健品制造了良好的商机。对食品行业来说，老龄的消费者会更加注重食品的功能性和健康性，低糖，降血脂，高纤维等食品将愈发受到青睐。

（6）快速城市化使食品消费结构改变

经过一段时间的发展，2015年我国城镇化率已经达到56.2%，到十三五末，中国政府计划将一亿人口迁移到城市，达到60%的城镇化覆盖率，随着数亿人口向城市转移，这部分人群的食品结构也将由粮食、蔬菜转向肉禽和奶蛋。粮食作为饲料原料的间接需求增长快于作为直接需求的口粮的下降，导致我国食品需求总体增加。同时，城市化过快以及城乡居民收入分配不均还带来农村出现暂时“空心化”的现象，不利于农产品的供应增长。

（7）社区便利店成为重要的食品销售渠道

现代的快节奏生活使得年轻消费群体购物习惯发生很大的变化，他们倾向于以最少的时间成本、距离成本满足购物需求的最大化。社区便利店因单个面积小，更加接近居民生活区，购物排队等候时间短，受交通限制少，而成为更符合现代人消费习惯的业态。传统的社区便利店主要是满足社区居民的日常生活消费需求，他们主打便利牌，已成为大型超市的必要补充，越来越多的消费者将社区便利店作为购买日常食品的重要渠道。而且当前已经有部分便利店改变了传统的销售模式，增加了社区的服务功能，从而使门店整个小范围形成社区消费商圈，提升对顾客的吸引力。

（8）旅游食品消费将快速增长

当前，现代人已经不再简单地满足于最基本的物质生活需求，追求更高层次的旅游休闲活动已经成为一种新的消费意愿。此外，随着

近年来我国雾霾天气的出现，一些大城市空气质量明显下降，也间接推动了旅游人群远赴生态环境好、资源条件优越的地区进行异地旅游。根据国家旅游局以及市场研究机构的数据分析，2016 年全国一共有 45.6 亿人次旅游，相当于 13.6 亿人口人均旅游 3.3 次，国民的旅游消费总计达到 4.66 万亿元，相当于全体国民全年人均花费 3406 元在旅游上。未来国人旅游的热情不会减退，而旅游必将带动当地特色餐饮、休闲食品的增长，特别是在国人食品保健意识不断增强的情况下，那些产自原生态地区的绿色食品受到追捧。

第三部分　2016 年我国零售业发展运行情况

一、中国零售市场增速继续放缓

（一）商品零售同比增长 10. 4%

2016 年，我国社会消费品零售总额实现 33. 23 万亿元，其中商品零售额达 29. 65 万亿元，同比增长 10. 4%，增速比 2015 年放缓 0. 2 个百分点。从 2016 年商品零售额月度增速来看，2016 年商品零售额月度增速波动不大，商品零售额基本在 10%左右的增速上下波动。

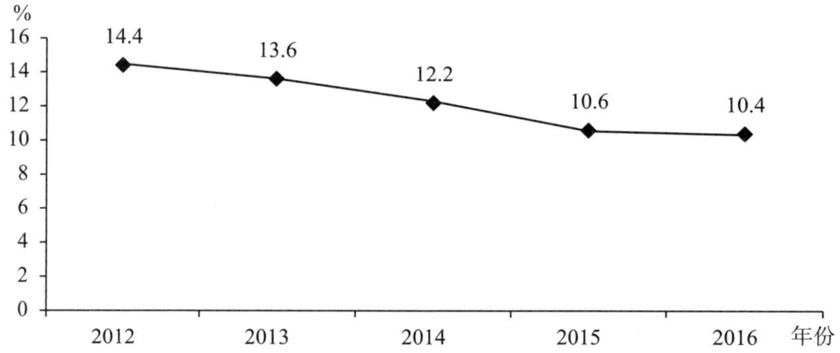

图 1　2012-2016 年我国商品零售额增速

数据来源：国家统计局

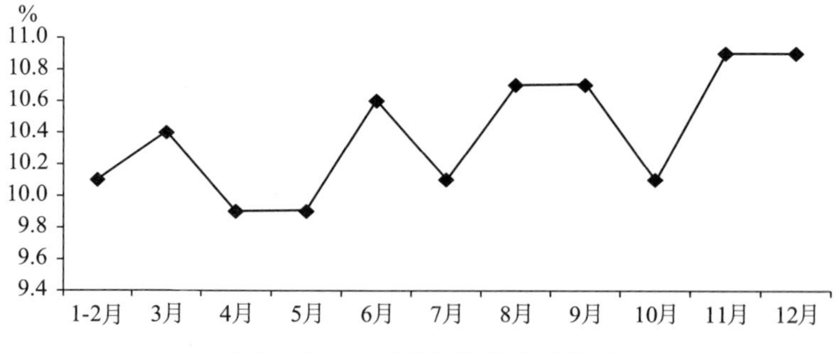

图 2　2016 年商品零售额各月增速

数据来源：国家统计局统计公报

（二）限额以上企业商品零售额同比增长8.3%

根据国家统计局的数据，2016年，限额以上企业商品零售额同比增长8.3%，相比上年同期上升0.4个百分点，为连续第四年低于社会消费品零售总额增速，低于社会消费品零售总额2.1个百分点。

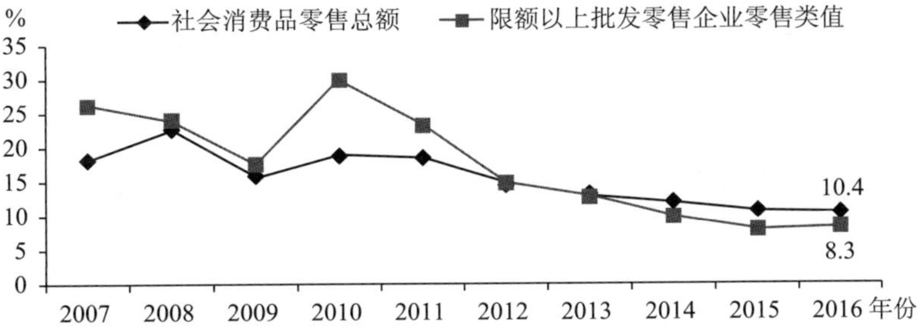

图3 2007-2016年限额以上企业商品销售增速与社消增速对比

数据来源：国家统计局

近年由于限额以上企业商品销售增速持续下降，限额以上企业商品销售所占比重有所下降。根据国家统计局数据，2016年限额以上企业商品零售额145073亿元，占全社会商品零售总额比重达到48.9%，比2015年下降0.9个百分点，比2012年下降1.8个百分点。2016年限额以上企业商品零售额占社会消费品零售总额比重达43.7%，比2015年下降0.8个百分点，比2012年下降1.4个百分点。

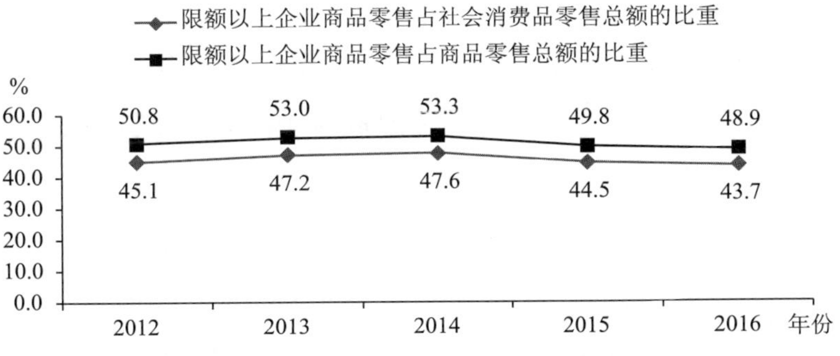

图4 2012-2016年限额以上企业商品零售占比

数据来源：根据国家统计局统计公报

（三）大型零售企业零售额同比下降，下半年增速回升

2016年，我国大型零售企业销售增速持续放缓，下半年市场情况有所好转。根据中华全国商业信息中心的统计数据，2016年我国百家重点大型零售企业零售额同比小幅下降0.5%，其中，4月份、7月份、

9 月份和 12 月份零售额实现同比正增长，12 月份百家重点大型零售企业零售额增速高达 7%。

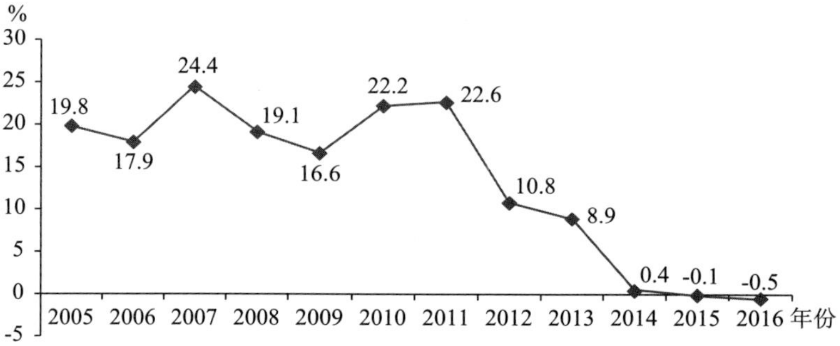

图 5　2005-2016 年百家大型零售企业零售额增速

数据来源：中华全国商业信息中心

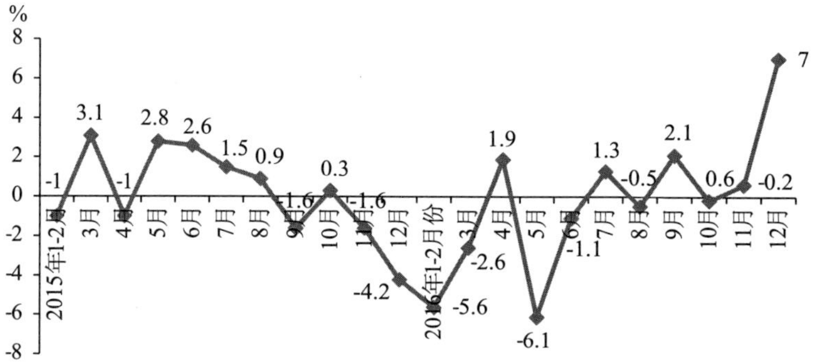

图 6　2015-2016 年百家大型零售企业零售额各月增速

数据来源：中华全国商业信息中心

（四）2016 年零售百强销售规模同比增长 18.5%

根据中国商业联合会、中华全国商业信息中心统计，2016 年我

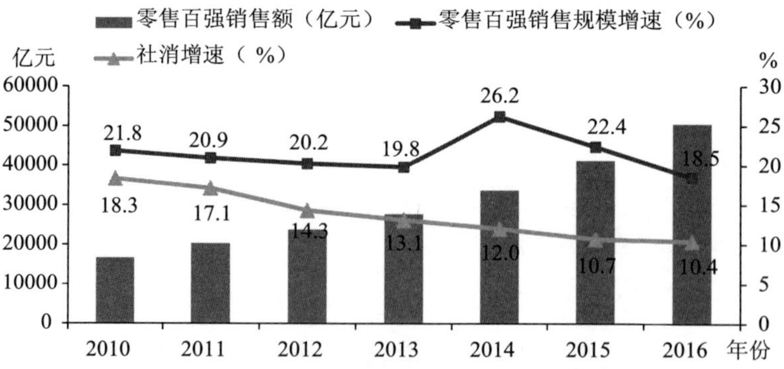

图 7　2010-2016 年零售百强销售额及同比增速

数据来源：国家统计局、中华全国商业信息中心

国零售百强企业销售规模达到4.82万亿元，同比增长18.5%，较去年同期下降3.9个百分点，高于社会消费品零售总额增速8.1个百分点。

二、批发零售业投资额增长速度放缓

在全国固定资产投资增速放缓的环境下，批发零售行业投资额增速放缓明显。根据国家统计局的数据，2016年，批发零售业投资规模同比下降4.0%，增速低于上年同期24.1个百分点，低于全国整体增速11.9个百分点。

与此同时，2016年住宿餐饮业投资增速也持续放缓，根据国家统计局数据，住宿餐饮业投资规模同比下降8.6%，增速低于上年同期13.7个百分点，低于全国整体增速16.5个百分点。2016年，批发零售和住宿餐饮业投资增速均创2007年以来的最低增速，且均为首次出现负增长。

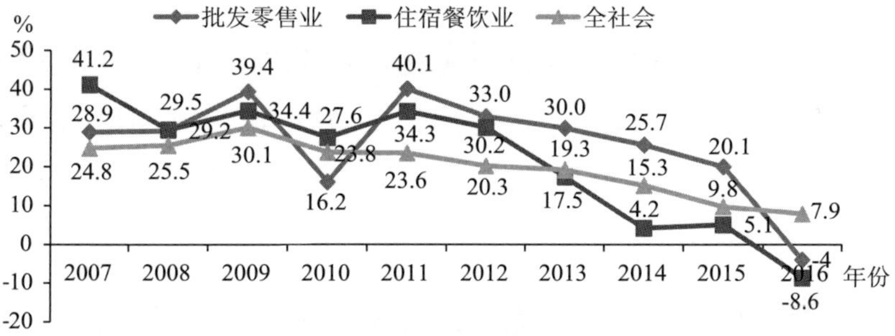

图8 2007-2016年我国批发零售业、住宿餐饮业及全社会固定资产投资同比增速

数据来源：国家统计局

从占比上看，2016年，由于批发零售业投资规模增速明显低于全社会固定资产投资增速，因此，批发零售业投资规模在全社会固定资产投资中的占比为3.0%，较上年下降0.4个百分点；住宿餐饮业投资在全社会固定资产投资中的占比为1.0%，较上年下降0.2个百分点。

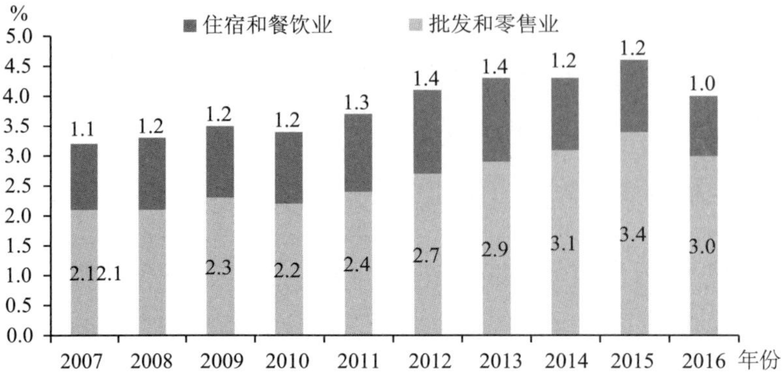

图 9　2007-2016 年批发和零售业、住宿和餐饮业投资规模占比

数据来源：国家统计局

三、中国零售市场集中度进一步上升

（一）零售百强集中度进一步提高

2016 年中国零售百强销售规模同比增长 18. 5%，比同期社会消费品零售总额增速高出 8. 1 个百分点，销售规模的较快扩张，使得百强销售规模占社会消费品零售总额的比重进一步提升。根据中华全国商业信息中心的统计，2016 年百强销售规模占社会消费品零售总额的比重为 14. 5%，比 2015 年提高 0. 8 个百分点，是 2006 年以来的最高占比。

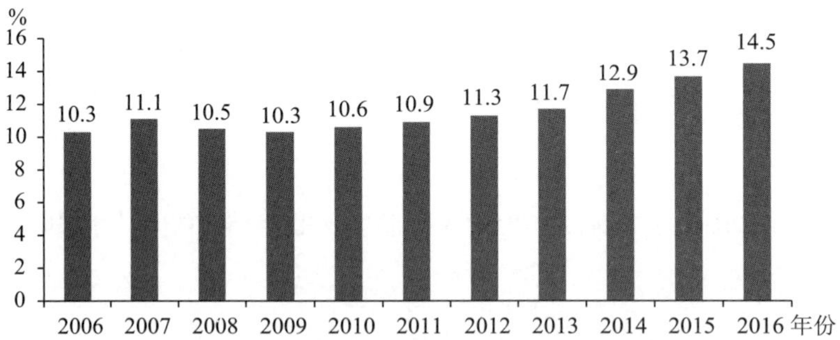

图 10　2006-2016 年零售百强销售规模占社会消费品零售总额的比重

数据来源：中华全国商业信息中心

（二）百强前十销售额占比大幅提升

2016 年我国零售百强企业中，前 10 名企业销售规模合计为 33352. 4 亿元，占百强整体销售规模的比重为 69. 2%，比 2015 年上升 3. 4 个百分点。2016 年第 11 至第 60 位企业销售规模占比为 25. 0%，相比 2015 年下降 2.9 个百分点，第 61 至第 100 位企业销售规模占比为 5.8%，相比 2015 年下降 0.5 个百分点。

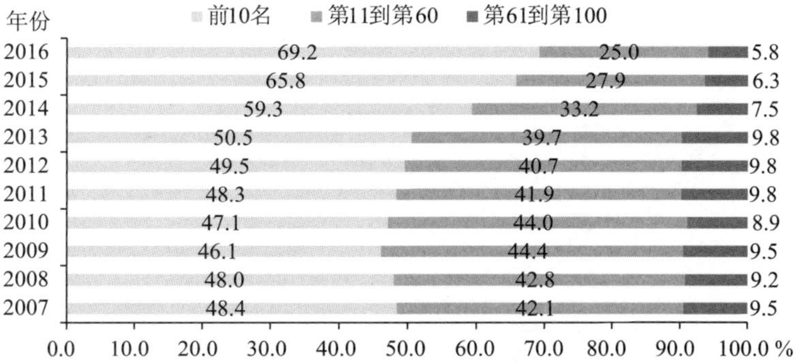

图 11　2007-2016 年零售百强企业销售规模所占比重

数据来源：中华全国商业信息中心

从增速对比来看，2016 年前 10 位企业销售规模同比增长 26.6%，比上年同期下降 8.2 个百分点，比百强整体增速高出 8.1 个百分点；第 11 至 60 位企业销售规模增速为 3.3%，比上年同期下降 1.2 个百分点，低于百强整体增速 15.2 个百分点；第 61 至 100 位企业销售规模增速为 4.7%，高于上年同期 0.5 个百分点，低于百强整体增速 13.8 个百分点。

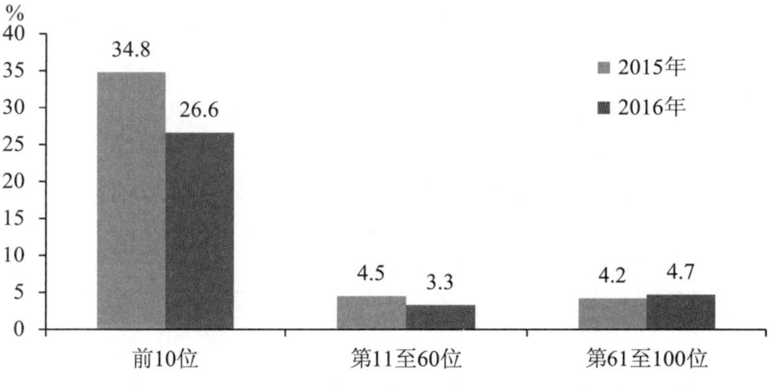

图 12　2015、2016 年零售百强企业销售规模增速对比

数据来源：中华全国商业信息中心

四、百强中实体零售增速小幅回升

（一）实体零售企业增速略有回升

2016 年，零售百强中 88 家实体零售企业销售规模达到 1.81 万亿元，同比增长 4.0%，比 2015 年加快 0.8 个百分点，销售规模占百强整体销售的比重为 37.6%，88 家实体店零售企业对百强零售企业整体销售增长的贡献率为 9.7%。

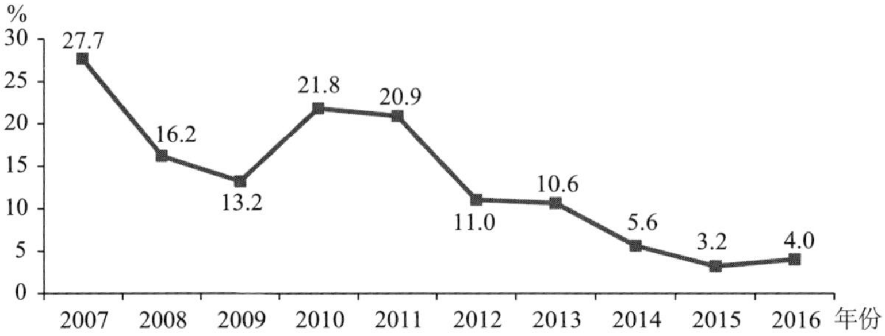

图 13　零售百强中实体零售企业销售规模同比增速

数据来源：中华全国商业信息中心

（二）“实体+电商”型企业略有放缓

2016 年，零售百强中 6 家“实体+电商”型零售企业销售规模为 5389.1 亿元①，比去年同期增长 11.2%，增速低于上年 4.6 个百分点，占百强整体销售的比重为 11.2%，6 家企业对百强零售企业整体销售增长的贡献率为 7.2%。

表 1　2016 年零售百强中 6 家“实体+电商”型企业销售规模

序号	企业名称	销售额（亿元）
1	国美电器有限公司	1824.3
2	苏宁云商集团股份有限公司	1735.0
3	沃尔玛（中国）投资有限公司	767.0
4	永辉超市股份有限公司	544.1
5	步步高集团	321.5
6	银泰商业（集团）有限公司	197.2

数据来源：中华全国商业信息中心

五、中国网上零售增速持续放缓

（一）全国网上零售增速明显放缓

2016 年全国网上零售额 51556 亿元，比上年增长 26.2%，增速较 2015 年放缓 7.1 个百分点。其中，网上实物商品零售额 41944 亿元，

① 为保持数据可比性，2016 年选取的 6 家“实体+电商”型企业与 2015 年相同。

同比增长25.6%，增速虽较2015年放缓6个百分点，但仍高于实体店零售额增速17.1个百分点。网上实物商品零售额占社会消费品零售总额的12.6%，该比重较2015年提高1.8个百分点。

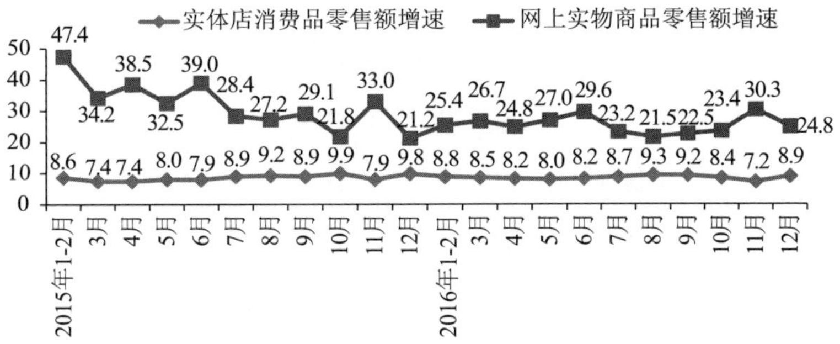

图14　2015-2016年各月我国实体店零售额和网上实物零售额增速

数据来源：根据国家统计局数据测算

（二）百强中电商增速明显回落

百强中电商销售增速同样也呈下降趋势，2016年进入零售百强的电商销售规模同比增长34.2%，这一增速低于2015年同期22.0个百分点，大幅低于2014年同期75.9个百分点。表明随着网购基数的扩大，网上销售增速明显回落。

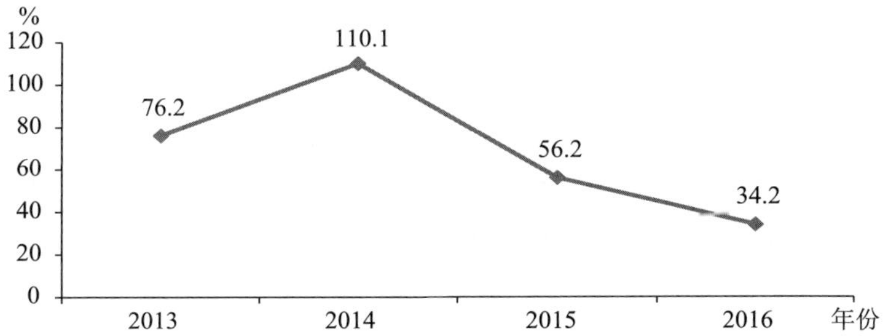

图15　零售百强中电商企业销售规模增速

表2　2016年零售百强中6家电商销售情况

企业名称	销售额（亿元）	占6家电商销售额的比重（%）
天猫	14150	57.3
京东	9392	38.0%
唯品会	565.9	2.3
亚马逊中国	390	1.6
当当网	125	0.5
聚美优品	80	0.3

数据来源：中华全国商业信息中心

其中，天猫作为中国最大 B2C 零售平台，2016 年销售规模达到 1.42 万亿元，在百强中排名第一，销售规模同比增长 24.0%，近年天猫销售增速急剧下滑，2016 年销售规模增速不到 2014 年的 1/3；京东作为中国最大零售商（自营+B2C 平台+实体），2016 年销售规模达到 9392.0 亿元，在百强中排名第二，销售规模同比增速达到 54.8%，尽管京东今年销售增速也呈下降趋势，但依然处在行业较高水平；大商集团作为中国最大实体零售商，2016 年销售规模达到 2352.5 亿元，在百强中排名第三，销售规模同比增长 17.4%，大商集团近年销售增速保持稳定较快增长，远高于实体零售商平均增速。

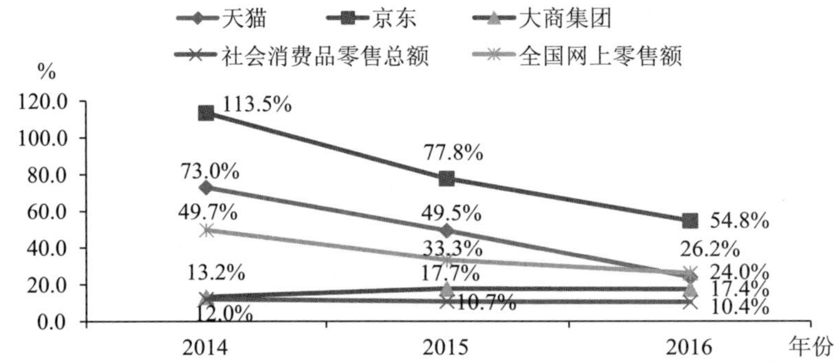

图 16　2014-2016 年排名前三的企业销售规模增速及社会消费品零售总额和全网零售额增速对比

（三）网上零售与实体零售合作加强

为顺应线上线下融合的消费趋势，寻找更大的增长空间，电商巨头纷纷加强与实体商业的合作，例如，天猫与银泰商业集团宣布达成战略合作，共同探索线上线下 O2O 融合发展；京东除了与国内 15 个城市的上万家便利店进行 O2O 合作之外，还在探索与农村家电专卖店合作；腾讯与湖南友阿签订合作协议，建立“友阿微购”微信公众平台，实现移动在线支付、线上线下信息共享、会员卡绑定等功能。

六、专业店和购物中心增长较快，百货和超市增速相对缓慢

（一）专业店和购物中心销售增长较快

零售百强中，业态以专业店为主的企业有 8 家，销售规模占百强

的 10. 2%，同比增速为 13. 1%，增速较 2015 年上升 2. 4 个百分点，其中有 1 家企业出现负增长；业态以百货为主的企业共有 49 家，销售规模占百强的 20. 8%，同比增速为 3. 3%，比上年加快 0. 4 个百分点，其中有 20 家企业出现负增长；业态以超市为主的企业共有 27 家，销售规模占百强的 16. 3%，同比增速为 3. 7%，比上年同期放缓 0. 5 个百分点，其中有 6 家企业出现负增长；10 家购物中心销售同比增长 9. 2%，规模占百强的 1. 5%；而 6 家电商的销售增速同比增长 34. 2%，销售规模占百强的 51. 2%。

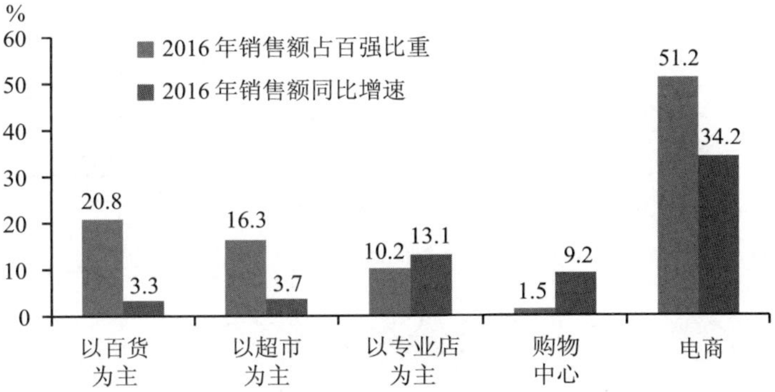

图 17　2016 年零售百强中各业态销售占比及增长速度

数据来源：中华全国商业信息中心

（二）百强中上市公司净利润增速降幅收窄

2016 年，上市公司同样面临业绩下滑，根据中华全国商业信息中心对上市公司年报的整理，2016 年，零售百强企业中 24 家上市公司净利润率中位数为-13. 6%，较 2015 年上市公司中位数降幅收窄 8. 8 个百分点，有 16 家上市公司净利润出现负增长，且部分上市公司利润下跌速度惨烈。

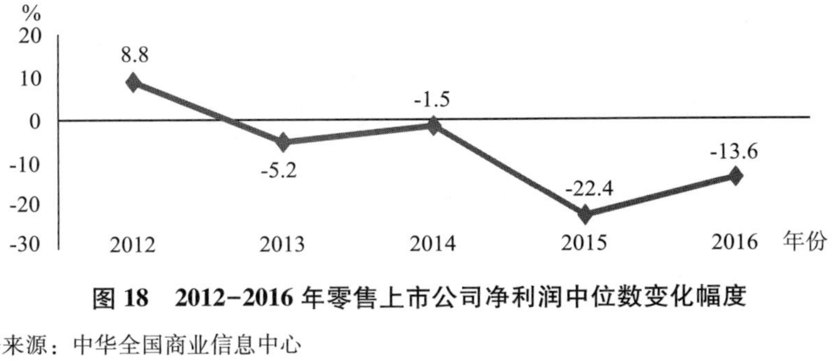

图 18　2012-2016 年零售上市公司净利润中位数变化幅度

数据来源：中华全国商业信息中心

表 3　2016 年零售百强企业中上市企业净利润增速①

序号	公司名称	净利润增速（%）	序号	公司名称	净利润增速（%）
1	武汉中商	——	13	首商股份	-14.08
2	永辉超市	105.18	14	苏宁云商	-19.27
3	鄂武商	24.06	15	红旗连锁	-19.47
4	中百集团	15.25	16	翠微股份	-32.51
5	合肥百货	8.06	17	广百股份	-37.1
6	大商股份	6.17	18	步步高	-37.94
7	中央商场	4.85	19	豫园商城	-43.6
8	家家悦	1.61	20	华联股份	-47.5
9	通程控股	-0.16	21	天虹商场	-56.63
10	文峰股份	-1.82	22	银座股份	-78.72
11	友阿股份	-3.55	23	华联综超	-590.19
12	王府井	-13.07	24	友好集团	-2712.84

数据来源：中华全国商业信息中心根据上市公司财报整理

注：武汉中商 2015 年亏 4799 万元，2016 年盈利 204 万元。

七、外资零售企业市场份额继续下降

（一）外资零售企业占百强市场份额继续下降

2016 年进入百强的外资零售企业共有 19 家（非电商），数量比上年增加 3 家，19 家外资零售企业实现销售额 4353.8 亿元，占百强销售总额的比重为 9%，较 2015 年下滑 0.9 个百分点，降幅较上年有所收窄。19 家外资零售企业销售额同比增长 5.9%，增速较 2015 年加快 5.7 个百分点。

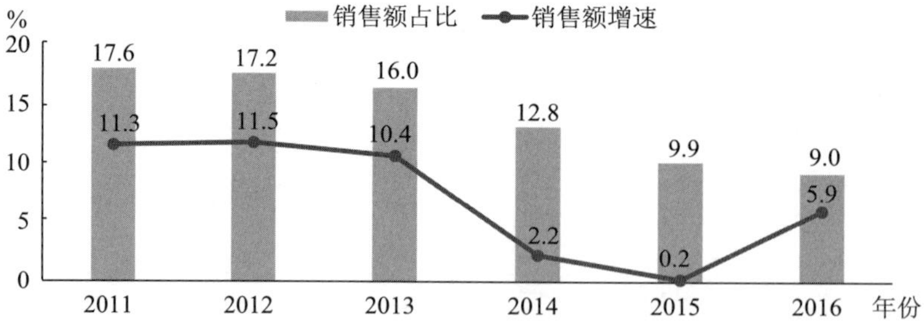

图 19　2011-2016 年零售百强企业中外资零售企业（非电商）销售额占比及增速

数据来源：中华全国商业信息中心

① 均为百强中国内上市公司。

（二）外资零售企业单店销售额持续下降

此外，外资零售企业单店销售额下滑明显。根据中华全国商业信息中心统计，19家外资零售企业单店平均销售规模为6389万元，与2015年相比，单店平均销售额下降8.7%，其门店数量则同比增长16.1%。

表4　2016年零售百强企业中主要外资企业销售情况

序号	企业名称	销售额（万元）	增速（%）
1	康成投资（中国）有限公司（大润发）	9329000	4.00
2	沃尔玛（中国）投资有限公司	7669751	4.28
3	家乐福中国	5047523	25.87
4	郑州丹尼斯百货有限公司	2080000	15.56
5	银泰商业（集团）有限公司	1973234	5.81
6	锦江麦德龙现购自运有限公司	1930000	1.05
7	屈臣氏中国	1852980	2.32
8	欧尚（中国）投资有限公司	1806748	-0.40
9	金鹰国际商贸集团（中国）有限公司	1701868	-1.72
10	百盛商业集团有限公司	1659850	-8.29
11	宜家（中国）投资有限公司	1514095	15.84
12	江苏华地国际控股集团有限公司	1323342	2.70
13	卜蜂莲花	1300000	-5.04
14	永旺（中国）投资有限公司	1117145	4.87
15	恒隆广场（上海）	745000	4.93
16	中国全家 FamilyMart	657500	26.50
17	远洋太古里	630000	3.28
18	伊藤洋华堂（中国）	600000	-7.70
19	上海（IFC）国金中心	600000	20.00

数据来源：中华全国商业信息中心

（三）主要外资零售企业门店新开店数和关店数均减少

根据主要外资零售巨头公布的数据，2016年7个主要外资零售企业新开店数合计72家，较上年减少21家，关店数25家，较上年减少13家。

开店方面，除麦德龙新开店家数比2015年增多外，沃尔玛、大润发、家乐福等外资零售巨头新开店家数均少于2015年，其中家乐福仅新开 6 家门店，比上年大幅减少 11 家，是新开门店数下滑最快的外资企业。

关店方面，沃尔玛、家乐福在 2016 年关店数均低于上年，其中家乐福关闭 5 家门店，较上年减少 13 家，综合其新开店情况，家乐福在 2016 年门店调整的幅度明显放缓。

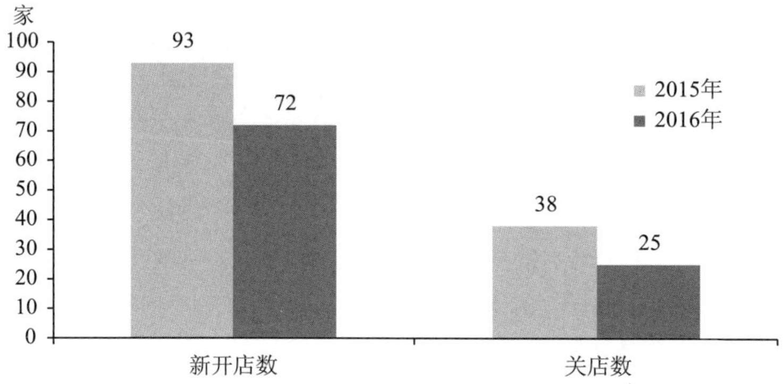

图 20　2015、2016 年主要外资零售企业新开店数和关店数

数据来源：联商网

表 5　2015、2016 年主要外资零售企业新开店数和关店数

单位：家

零售企业	新开店数		关店数	
	2015 年	2016 年	2015 年	2016 年
沃尔玛	23	21	16	13
大润发	31	26	0	1
家乐福	17	6	18	5
卜蜂莲花	5	2	1	4
麦德龙	4	9	2	0
欧　尚	8	5	0	1
永　旺	5	3	1	1

数据来源：联商网

八、新技术革命冲击零售行业商业模式

随着时代的发展，科技已经成为影响企业发展的重要外部因素，随着“信息化”和“工业化”深入融合的进程加快，以软件和信息产

业为主导的大数据和分析、移动计算、云计算、社交商务、智慧商务等新兴技术全面渗透到社会生活的各个领域，并正在颠覆传统的商业模式。这种转变给人们生活带来巨大变革的同时，也为相关企业乃至整个社会带来了新的市场发展机遇。

近几年，电子商务得到了迅速发展，对线下的各类实体零售终端造成了越来越大的冲击。传统零售行业面临重新定位，利用智能科技手段、O2O方式、无人售货等方式，应对新技术革命带来的冲击。实体零售业应主动借助“互联网+”，探索线上线下互动的发展路径，打造线上线下融合发展的全渠道购物体验，如搭建AR、VR等个性化消费场景，推出手机APP应用、微商城等智能化消费场景。

九、实体零售加强对消费者的服务与消费体验

尽管网络零售对实体零售形成了巨大的冲击，但实体零售仍有自己的优势，实体零售最大的优势在于实体店可以提供真实的产品体验和服务体验，消费者可以全方位地感受产品，可以享受销售人员面对面的个性服务。当前实体店需要做的是进一步借鉴互联网科技的便利、智能化，拓展对消费者的服务。例如，随着科技的进步，使得在实体店使用移动支付变为可能，并成为一种新的趋势。

此外，在消费升级、物质极大丰富的背景下，大量的消费并非计划性消费，而是基于场景的消费。实体零售是商品离消费者最近的场所，基于场景的变化而产生消费需求的时候，实体零售就具备巨大的价值。实体零售商可以通过不断变化的场景增强与消费者的沟通。

而且，当前消费者对生活品质的需求，除了体现在注重商品的品质和购买的便利以外，还体现在注重价值观的消费。零售企业要发挥网上不具备的功能，与人交流，充分挖掘商品的社会属性（市场属性下的商品价格没有最低，只有更低；社会属性下的商品，人们会忽略价格，优先考虑商品的社会价值。）

在零售新时代，消费者憧憬着线下线上相融合的全渠道购物体验。他们想要在日常生活的各个场景随时、随地、随性地选购商品，比如与朋友闲逛或是刷微信时。他们也渴望个性化的消费体验，从

接收心仪商品的推荐到购买定制产品，不一而足。品牌商与零售商都应该致力于基于大数据积累和分析，增强对消费者的了解，提供针对性的推荐和全渠道服务，改善购物体验，创造更大的价值。一旦消费者的个人需求得到满足，他们更加愿意购买良好的消费体验而不单是商品。

第四部分 零售业区域发展环境

改革开放30多年以来，我国西部开发、东北振兴、中部崛起、东部领先的区域发展格局总体战略有序实施，区域发展不平衡明显改善，同时新的区域经济增长极涌现，尤其是中央近年来提出“京津冀协同发展”“长江经济带”和“一带一路”三大国家发展战略，我国正在形成“4+3”的区域发展新格局。

一、“四大板块”零售业发展环境

（一）东北地区经济处于加速转型期

1. 2016年东北地区生产总值同比增速继续放缓[①]

经过多年的区域经济协调发展，近几年我国中部、西部地区在固定资产投资、规模以上工业增加值、地区生产总值、可支配收入等多项增速指标上都赶超东部地区水平，“东中西”区域间绝对值差距呈缩小之势，但另一方面，随着我国经济结构调整步伐的加快，以重工业为主和资源型依赖的东北地区省份则因产业结构单一，在“去库存、去过剩产能”的背景下，经济增长的压力日趋增大。

2016年，东部地区10省（自治区、直辖市）地区生产总值同比增长7.5%，中部地区6省市同比增长8.0%、西部地区12省（自治区、直辖市）同比增长8.2%，虽然增速相比上年也均略有放缓，但总体实现了平稳较快增长。东北地区三省地区生产总值2016年同比增长2.5%，不仅大幅低于东部、中部、西部地区增长水平，且在上年增速回落1.4个百分点的基础上再次放缓了2.0个百分点。其中，吉林、黑龙江地区生产总值分别同比增长6.9%和6.1%，辽宁多年来首现地区生产总值负增长，增速为-2.5%。

① 四个地区生产总值增速根据《2017年统计摘要》中各个省、市、自治区数据（当年生产总值、增速）进行计算。

从其他省份来看，与 2015 年相同，与东北三省同样面临经济下行压力的还有山西省，2016 年山西地区生产总值同比增长 4.5%，增速在全国各省份中仅高于辽宁省。此外，2016 年地区生产总值增速低于7%的还有东部地区的北京、河北和上海，而重庆、贵州、西藏则继续延续了上年超过 10%的地区生产总值增速，天津和江西地区生产总值也均同比增长 9%。

表 1　2016 年全国分地区国内生产总值增速（按不变价格计算）

地　区		GDP（亿元）	GDP 增速（%）
东部	北　京	24899.3	6.7
	天　津	17885.4	9.0
	河　北	31827.9	6.8
	上　海	27466.2	6.8
	江　苏	76086.2	7.8
	浙　江	46485.0	7.5
	福　建	28519.2	8.4
	山　东	67008.2	7.6
	广　东	79512.1	7.5
	海　南	4044.5	7.5
中部	山　西	12928.3	4.5
	安　徽	24117.9	8.7
	江　西	18364.4	9.0
	河　南	40160.0	8.1
	湖　北	32297.9	8.1
	湖　南	31244.7	7.9
西部	内蒙古	18632.6	7.2
	广　西	18245.1	7.3
	重　庆	17558.8	10.7
	四　川	32680.5	7.7
	贵　州	11734.4	10.5
	云　南	14870.0	8.7
	西　藏	1150.1	10.0
	陕　西	19165.4	7.6
	甘　肃	7152.0	7.6
	青　海	2572.5	8.0
	宁　夏	3150.1	8.1
	新　疆	9617.2	7.6
东北	辽　宁	22037.9	-2.5
	吉　林	14886.2	6.9
	黑龙江	15386.1	6.1

数据来源：国家统计局 2017 年中国统计摘要

2. 东北地区生产总值占全国的比重持续回落，但三产结构明显优化

根据国家统计局发布的数据，2016 年我国四个地区生产总值占全国国内生产总值的比重，东北地区继续回落，其他三个地区均有所提升。其中，东北地区第一产业生产总值占全国的比重由上年的 10.9% 下降到 10%；第二产业生产总值所占比重由上年的 7.9% 下降为 6.1%；第三产业生产总值所占比重由上年的 7.7%下降为 6.8%。

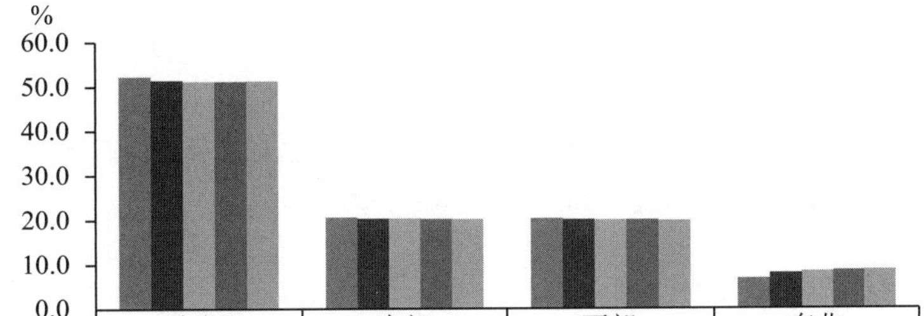

	东部	中部	西部	东北
2016年	52.3	20.6	20.3	6.8
2015年	51.5	20.3	20.1	8.0
2014年	51.2	20.3	20.0	8.4
2013年	51.2	20.2	20.0	8.6
2012年	51.3	20.2	19.8	8.7

图 1　2012-2016 年全国四个地区生产总值占全国 GDP 的比重

数据来源：国家统计局 2017 年中国统计摘要

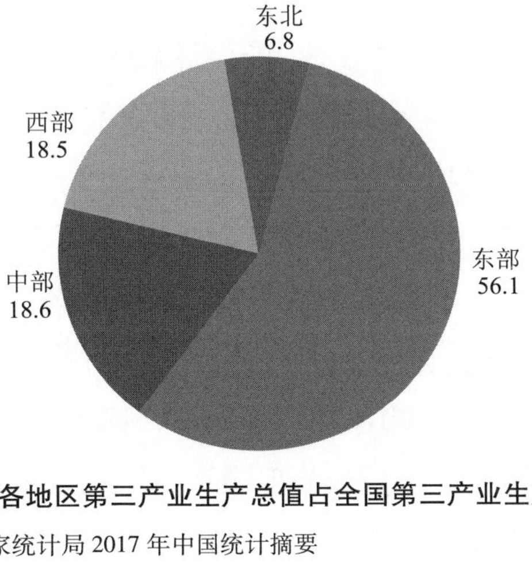

图 2　2016 年各地区第三产业生产总值占全国第三产业生产总值的比重

数据来源：国家统计局 2017 年中国统计摘要

但从东北地区内部的三产结构来看，2016 年东北地区去库存、去产能、优化企事业机构软环境“补短板”等供给侧结构性改革进展顺利，取得相应成效。根据国家统计局发布的数据，2016 年，东北地区

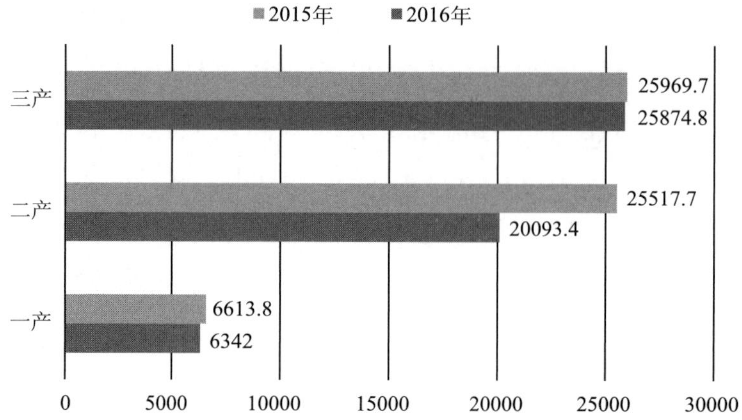

图 3　2015、2016 年东北地区三次产业地区生产总值（亿元）

数据来源：国家统计局 2016 年、2017 年中国统计摘要

三次产业的绝对值构成为 12.1 ∶ 38.4 ∶ 49.5，相比 2015 年 11.4 ∶ 43.9 ∶ 44.7 的三产构成，第二产业的比重下降了 5.5 个百分点，第三产业的比重提升了 4.8 个百分点。

（二）各地区不同品类 CPI 涨幅表现出差异化

1. 东部地区 CPI 涨幅最高

2016 年，我国居民消费价格同比上涨 2.0%，涨幅相比上年同期提高了 0.6 个百分点。其中，各类分别同比上涨：食品烟酒类 3.8%、衣着类 1.4%、居住类 1.6%、交通和通信-1.3%、教育文化和娱乐 1.6%、医疗保健 3.8%。与上年相比，除衣着类物价涨幅回落 1.3 个百分点，其余物价涨幅均高于上年。

分地区来看，2016 年我国东部物价涨幅最高，CPI 同比上涨 2.1%[①]，中部地区 CPI 同比上涨 1.8%，西部和东北地区 CPI 均同比上涨 1.6%。与上年同比，四个地区 CPI 涨幅均有所提升。

从全国各省市来看，2016 年 CPI 涨幅超过 2%的省份除了西部地区的西藏、中部地区的湖北（江西同比上涨 2%）外，均分布在东部地区，其中上海 CPI 涨幅最高，达到 3.2%，其次是海南，CPI 涨幅为 2.8%，然后是江苏、广东、天津和山东。与上年相比，2016 年 CPI 涨幅没有低于 1%的省份，其中山西省 CPI 涨幅最低，为 1.1%，其次是

① 此处为简单算术平均得值，下同

内蒙古，CPI 同比上涨 1.2%。

表 2　2015 年、2016 年全国分地区居民消费价格涨幅

单位：%

地　区		2015 年	2016 年
东部	北　京	1.8	1.4
	天　津	1.7	2.1
	河　北	0.9	1.5
	上　海	2.4	3.2
	江　苏	1.7	2.3
	浙　江	1.4	1.9
	福　建	1.7	1.7
	山　东	1.2	2.1
	广　东	1.5	2.3
	海　南	1.0	2.8
中部	山　西	0.6	1.1
	安　徽	1.3	1.8
	江　西	1.5	2
	河　南	1.3	1.9
	湖　北	1.5	2.2
	湖　南	1.4	1.9
西部	内蒙古	1.1	1.2
	广　西	1.5	1.6
	重　庆	1.3	1.8
	四　川	1.5	1.9
	贵　州	1.8	1.4
	云　南	1.9	1.5
	西　藏	2.0	2.5
	陕　西	1.0	1.3
	甘　肃	1.6	1.3
	青　海	2.6	1.8
	宁　夏	1.1	1.5
	新　疆	0.6	1.4
东北	辽　宁	1.4	1.6
	吉　林	1.7	1.6
	黑龙江	1.1	1.5

数据来源：国家统计局《2017 年中国统计摘要》

2. 东部地区衣着类价格涨幅回落，东北地区居住类价格基本与上年持平

根据对国家统计局发布的数据进行汇总和简单算术平均，2016 年我国东部地区衣着类 CPI 涨幅由上年的 3.5%回落为 0.9%，其余三个

地区衣着类涨幅也均有回落但幅度小于东部地区。且2016年东部地区衣着类CPI涨幅明显低于其他三个地区。其中，北京、上海等典型的东部地区发达一线城市2016年衣着类CPI涨幅均未超过1%，海南为同比回落，仅广东省同比涨幅较高，为2.7%。

表3　2016年全国分地区各品类居民消费价格涨幅

单位：%

地区		食品烟酒	衣着	居住	交通和通信	教育文化和娱乐	医疗保健
东部	北京	3.0	0.2	3.7	-3.4	-1.7	2.6
	天津	2.1	0.1	3.6	-1.7	0.6	8.8
	河北	2.6	1.8	0.7	-1.7	1.3	4.4
	上海	3.7	0.8	5.1	-3.0	2.7	9.0
	江苏	3.8	1.8	1.2	-1.2	0.9	9.1
	浙江	4.4	1.5	1.0	-1.3	2.7	1.3
	福建	3.9	0.3	0.7	-0.6	1.2	2.9
	山东	3.6	1.7	0.9	-0.4	1.9	4.9
	广东	4.8	2.7	1.7	-1.5	1.4	2.8
	海南	5.1	-2.1	2.6	-1.5	3.0	4.4
中部	山西	2.8	1.0	-0.1	-1.7	1.3	2.4
	安徽	3.7	0.8	1.1	-2.4	2.3	3.6
	江西	4.4	0.9	1.0	-1.2	1.5	2.7
	河南	3.2	0.7	2.2	-1.7	2.4	2.8
	湖北	4.0	2.3	2.8	-2.8	2.2	1.9
	湖南	4.3	1.5	1.2	-1.6	0.8	3.1
西部	内蒙古	2.2	1.4	0.0	-1.1	0.7	4.4
	广西	3.4	1.3	0.3	-1.2	1.6	3.7
	重庆	3.6	2.4	1.1	0.6	-0.5	1.8
	四川	4.1	0.6	1.2	-1.4	2.5	1.6
	贵州	3.6	-0.4	0.8	-1.3	1.3	1.5
	云南	3.5	0.2	1.2	-0.7	0.7	2.4
	西藏	4.9	3.2	0.8	-0.5	1.1	2.1
	陕西	3.1	1.1	0.9	-1.7	0.0	2.4
	甘肃	3.2	1.4	0.8	-1.0	0.0	0.8
	青海	2.3	1.2	5.2	-2.7	0.6	2.6
	宁夏	2.4	1.7	0.4	-1.4	2.2	2.9
	新疆	1.9	1.3	1.2	-0.7	1.6	2.7
东北	辽宁	2.5	1.4	0.5	-0.2	2.8	2.5
	吉林	3.2	1.8	-0.3	-1.3	0.6	6.1
	黑龙江	2.6	1.0	0.0	0.0	1.7	3.7

数据来源：2017年中国统计摘要

从居住价格来看，东部、中部、西部地区居民居住成本有所上升，涨幅分别为 2.1%、1.4%和 1.2%，而受经济承压和人口外流等多因素影响，东北地区 2016 年居住成本与上年基本持平，同比增长 0.1%。其中，辽宁居住类 CPI 同比上涨 0.5%，黑龙江与上年持平，吉林同比回落 0.3%。居住类成本出现负增长的还有山西省，同比回落 0.1%。

此外，2016 年四个地区食品烟酒类 CPI 涨幅均比较高（由于口径变化，与上年不具可比性）、交通和通信类 CPI 继续回落，东部地区医疗保健 CPI 涨幅领跑。

（三）西部地区收入增幅领先，但城乡收入倍差仍最高

1. 东部地区人均可支配收入绝对值最高，收入增幅西部地区领先

根据国家统计局发布的数据，2016 年全年全国居民人均可支配收入 23821 元，比上年名义增长 8.4%，扣除价格因素实际增长 6.3%，实际涨幅相比上年回落了 0.9 个百分点。全国居民人均可支配收入中位数 20883 元，相比上年名义增长 8.3%。

根据汇总和计算，从居民人均可支配收入绝对数值来看，东部地区与其他地区的差距仍然明显，其中，2016 年东、中、西和东北地区居民人均可支配收入的绝对值分别为：30633、20007、18367 和 22359 元，只有东部地区越过三万大关且只有东部地区人均可支配收入高于全国水平；西部地区绝对值最低，居民人均可支配收入尚未超过两万元。具体从全国 31 个省市来看，2016 年人均可支配收入超过全国水平的省市有 8 个，除辽宁外，其余 7 个均分布在东部地区，分别是上海、北京、浙江、天津、江苏、广东和福建；排名 21 到 31 的省市中，除排名第 24 的河南属于中部地区，其余 10 个省市均为西部地区。

但从人均可支配收入增长速度来看，西部地区增长最快，其次是中部和东部地区，最慢的是东北地区。增长最快的 5 个省市均来自于西部地区，西藏、贵州收入增幅超过 10%，且西部地区 12 个省市中，只有内蒙古居民人均可支配收入名义增速低于全国水平；东部地区 10 省市收入增幅也均不低于全国水平，中部地区呈现分化，湖南、江西同比增长 9%以上，但河南和山西增幅较低；东北地区 3 省份收入增幅均没达到 7%，辽宁以 6.0%的增长水平为全国最低，吉林和黑龙江仅仅领先山西。

表 4　2016 年全国分地区全体居民人均可支配收入及增速

地　区		居民人均可支配收入（元）	名义增速（%）
东部	北　京	52530. 4	8. 4
	天　津	34074. 5	8. 9
	河　北	19725. 4	8. 9
	上　海	54031. 8	8. 4
	江　苏	32070. 1	8. 6
	浙　江	38529. 0	8. 4
	福　建	27607. 9	8. 7
	山　东	24685. 3	8. 7
	广　东	30295. 8	8. 7
	海　南	20653. 4	8. 8
中部	山　西	19048. 9	6. 7
	安　徽	19998. 1	8. 9
	江　西	20109. 6	9. 1
	河　南	18443. 1	7. 7
	湖　北	21786. 6	8. 8
	湖　南	21114. 8	9. 3
西部	内蒙古	24126. 6	8. 1
	广　西	18305. 1	8. 5
	重　庆	22034. 1	9. 6
	四　川	18808. 3	9. 2
	贵　州	15121. 1	10. 4
	云　南	16719. 9	9. 8
	西　藏	13639. 2	11. 3
	陕　西	18873. 7	8. 5
	甘　肃	14670. 3	8. 9
	青　海	17301. 8	9. 4
	宁　夏	18832. 3	8. 7
	新　疆	18354. 7	8. 9
东北	辽　宁	26039. 7	6. 0
	吉　林	19967. 0	6. 9
	黑龙江	19838. 5	6. 7

数据来源：国家统计局 2017 年中国统计摘要

2. 各地区仅少数省市农村收入增幅未超过城镇，西部地区城乡收入差最大

根据国家统计局发布的数据，按常住地分，2016 年我国城镇居民人均可支配收入 33616 元，同比名义增长 7. 8%，扣除价格因素实际增长 5. 6%；农村居民人均可支配收入 12363 元，同比名义增长 8. 2%，

扣除价格因素实际增长6.2%。城乡居民人均收入倍差2.72，比上年缩小0.01。

表5 2016年全国分地区全体居民人均可支配收入及增速

地区		城镇居民人均可支配收入（元）	名义增速（%）	农村居民人均可支配收入（元）	名义增速（%）
东部	北京	57275.3	8.4	22309.5	8.5
	天津	37109.6	8.8	20075.6	8.6
	河北	28249.4	8.0	11919.4	7.9
	上海	57691.7	8.9	25520.4	10.0
	江苏	40151.6	8.0	17605.6	8.3
	浙江	47237.2	8.1	22866.1	8.2
	福建	36014.3	8.2	14999.2	8.7
	山东	34012.1	7.8	13954.1	7.9
	广东	37684.3	8.4	14512.2	8.6
	海南	28453.5	8.0	11842.9	9.1
中部	山西	27352.3	5.9	10082.5	6.6
	安徽	29156.0	8.2	11720.5	8.3
	江西	28673.3	8.2	12137.7	9.0
	河南	27232.9	6.5	11696.7	7.8
	湖北	29385.8	8.6	12725.0	7.4
	湖南	31283.9	8.5	11930.4	8.5
西部	内蒙古	32974.9	7.8	11609.0	7.7
	广西	28324.4	7.2	10359.5	9.4
	重庆	29610.0	8.7	11548.8	9.9
	四川	28335.3	8.1	11203.1	9.3
	贵州	26742.6	8.8	8090.3	9.5
	云南	28610.6	8.5	9019.8	9.4
	西藏	27802.4	9.2	9093.8	10.3
	陕西	28440.1	7.6	9396.4	8.1
	甘肃	25693.5	8.1	7456.9	7.5
	青海	26757.4	9.0	8664.4	9.2
	宁夏	27153.0	7.8	9851.6	8.0
	新疆	28463.4	8.3	10183.2	8.0
东北	辽宁	32876.1	5.6	12880.7	6.8
	吉林	26530.4	6.5	12122.9	7.0
	黑龙江	25736.4	6.3	11831.9	6.6

数据来源：国家统计局2017年中国统计摘要

从城乡居民人均收入增幅情况来看，全国31个省市中仅有东部地区的天津、河北，中部地区的湖北，西部地区的内蒙古、甘肃和新疆农村居民人均收入增幅低于城镇，上海、海南、河南、广西、重庆、四川、云南、西藏和辽宁农村居民人均收入增幅均超过城镇1个百分点以上。

从四个地区城乡居民人均收入绝对值来看，根据汇总和计算，2016年东、中、西和东北地区城镇居民人均可支配收入分别为39395、28879、28546和29047元，东部地区遥遥领先，中部、西部和东北地区水平值接近；东、中、西和东北地区农村居民人均可支配收入分别为15549、11795、9883和12274元，西部地区仍处于较低水平值。从城乡居民人均收入倍差来看，东、中、西和东北地区的倍差分别为：2.53、2.45、2.89和2.37，西部地区差异最大。

（四）中、西部地区社会消费品零售总额及网络消费均增长较快

1. 中部、西部地区社消总额同比增长较快

根据国家统计局发布的数据，2016年全年，我国社会消费品零售总额332316亿元，比上年同比名义增长10.4%，与上年10.7%的同比名义增速基本持平。

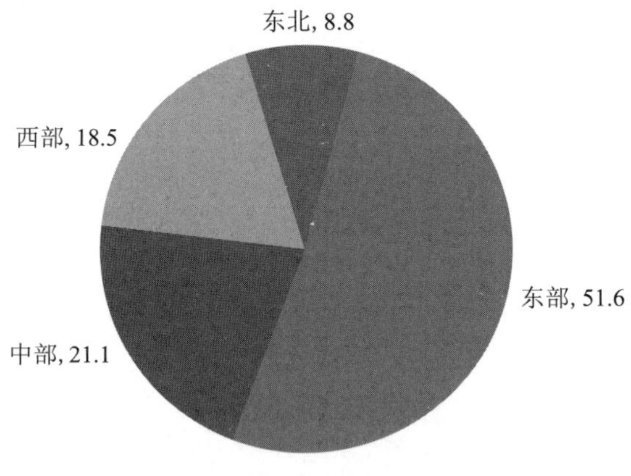

图4　2016年各地区社消总额占全国社消总额的比重

数据来源：国家统计局2017中国统计摘要

从地区社消绝对值数据来看，2016年我国东部地区实现社会消费品零售总额171143.2亿元，占全国的比重为51.6%，相比上年回落了0.2个百分点；中部地区实现社消总额69819.4亿元，占全国的比重为21.1%，相比上年提升了0.2个百分点；西部地区实现社消总额61488.0亿元，占全国的比重相比上年提升了0.1个百分点；东北地区

实现社消总额 29127.0 亿元，占全国社消总额的比重在上年回落 0.2 个百分点的基础上再次有所回落。

表 6　2016 年全国分地区社会消费品零售总额及增速

地　区		社消总额（亿元）	同比增速（%）
东部	北　京	11005.1	6.5
	天　津	5635.8	7.2
	河　北	14364.7	10.6
	上　海	10946.6	8.0
	江　苏	28707.1	10.9
	浙　江	21970.8	11.0
	福　建	11674.5	11.1
	山　东	30645.8	10.4
	广　东	34739.1	10.2
	海　南	1453.7	9.7
中部	山　西	6480.5	7.4
	安　徽	10000.2	12.3
	江　西	6634.6	12.0
	河　南	17618.4	11.9
	湖　北	15649.2	11.8
	湖　南	13436.5	11.7
西部	内蒙古	6700.8	9.7
	广　西	7027.3	10.7
	重　庆	7271.4	13.2
	四　川	15601.9	12.4
	贵　州	3709.0	13.0
	云　南	5722.9	12.1
	西　藏	459.4	12.5
	陕　西	7367.6	12.0
	甘　肃	3184.4	9.5
	青　海	767.3	11.0
	宁　夏	850.1	7.7
	新　疆	2825.9	8.4
东北	辽　宁	13414.1	4.9
	吉　林	7310.4	9.9
	黑龙江	8402.5	10.0

数据来源：国家统计局 2017 年中国统计摘要

从增速数据来看，2016 年我国中部、西部地区社消总额同比增长较快，均实现同比 11.5%，东部地区则同比增长 10.1%，东北地区依然增速最低，同比增长 7.6%，在上年增速回落 3.6 个百分点的基础上再次放缓0.9个百分点。从31个省区市情况来看，社消零售总额名义增长最快的前十省份全部来自于中部或西部地区，其中西部地区省份6个，中部地区省份4个；东北地区黑辽吉三个省份社消总额增速均低于全国水平。

2. 网上零售额东部地区占全国8成以上，西部地区增长最快

表7　2016年全国分地区网上零售额及增速

地　区		网上零售额（亿元）	同比增速（%）
东部	北　京	5271.1	17.5
	天　津	767.5	27.4
	河　北	972.4	30.6
	上　海	5107.3	22.5
	江　苏	4739.7	40.1
	浙　江	9335.1	29.9
	福　建	2181.0	15.1
	山　东	1722.4	30.8
	广　东	11426.6	23.1
	海　南	143.8	7.0
中部	山　西	177.3	15.3
	安　徽	895.7	38.5
	江　西	427.4	32.4
	河　南	1064.2	47.2
	湖　北	1121.2	22.7
	湖　南	723.4	11.3
西部	内蒙古	145.7	30.7
	广　西	273.0	8.6
	重　庆	539.0	25.6
	四　川	1523.9	36.1
	贵　州	169.8	55.6
	云　南	245.6	10.0
	西　藏	5.0	18.7
	陕　西	1016.8	36.7
	甘　肃	119.9	15.9
	青　海	9.5	14.2
	宁　夏	16.6	31.0
	新　疆	44.4	-2.6
东北	辽　宁	530.6	23.3
	吉　林	204.1	43.1
	黑龙江	206.9	22.3

数据来源：国家统计局《2017年中国统计摘要》

根据商务部公布的数据，2016 年我国网络零售交易额达 5.16 万亿元人民币，同比增长 26.2%。其中，实物商品的网络零售交易额为 4.19 万亿元，同比增长 25.6%，比同期社会消费品零售总额增速高出 15.2 个百分点。根据商务部发言人孙继文的讲话，网络零售已经成为带动我国零售行业增长的主要动力。据介绍，2016 年我国实物商品网络零售交易额占社会消费品零售总额的比重达到 12.6%，相比上年提高了 1.8 个百分点，且网络零售业态 25.4%的增长水平高于百货店、超市和购物中心等其他传统零售业态的增速。

从地区增长情况来看，以江浙沪为代表的东部地区虽然在网络零售方面起步早，但中部、西部等地区也在不断追赶。根据中华全国商业信息中心对国家统计局数据的汇总计算，2016 年我国东、中、西和东北地区网上零售额分别实现同比增长 25.5%、29.3%、29.9%和 26.9%，相比上年，2016 年四个地区网上零售额增速差距不大。从 31 个省市情况来看，贵州网上零售额同比增长全国领先，增速为 55.6%，江苏、河南、吉林也同比增长 40%以上。此外，新疆维吾尔自治区网上零售额同比下降 2.6%，是全国 31 个省市中唯一一个同比负增长的省份。

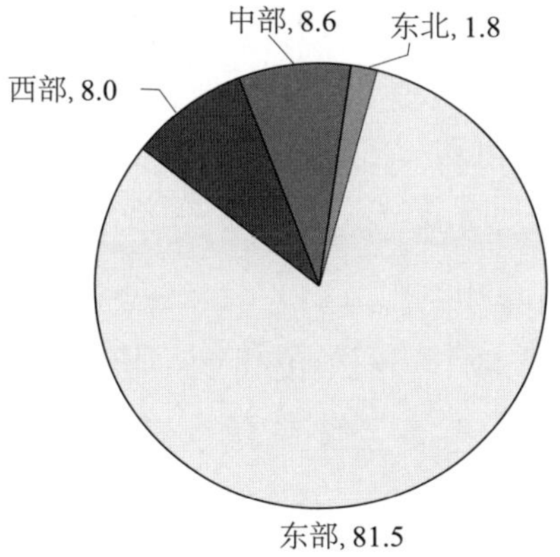

图 5　2016 年各地区网上零售额占全国网上零售额的比重

数据来源：根据国家统计局 2017 年中国统计摘要数据汇总计算

从各地绝对值所占全国比重来看，东部地区网上零售额仍占绝大比例，根据计算，2016 年东部地区占全国网上零售额的比重为 81.5%，中部、西部和东北地区比重分别为 8.6%、8.0%和 1.8%。与上年相比，东部地区比重有所下降，其余三个地区均稳步提升。

二、“三大战略”零售业发展环境

十八大以来，以习近平同志为核心的党中央决定实施京津冀协同发展重大战略，以推进区域发展体制机制创新，优化区域发展格局；“长江经济带”的说法早已有之，但作为大的战略进入国家决策视野是习近平总书记2013年在武汉提出的建设长江全流域“黄金水道”，之后李克强总理在政府工作报告中明确宣布“依托黄金水道，建设长江经济带”；2013年，习近平同志在重要演讲中明确提出“一带一路”战略倡议。2014年年底，中央经济工作会议部署优化经济发展空间格局，明确指明“一带一路”、京津冀协同发展、长江经济带是我们国家发展的“三大战略”。与“四大板块”强调我国区域间均衡发展不同，“三大战略”不仅培育我国新的增长极、增长带，而且是打破地域界限，立足于各自优势，畅通国际和国内联系，有利于在不同层面利用叠加效应、补齐短板，全面激发和培育我国新的发展动力。

在近期国家统计局发布的“党的十八大以来经济社会发展成就”系列文章中，对“十二五”期间和2016年长江经济带及京津冀地区取得的全方位成果进行了总结，下文我们从政策顶层设计下的整体发展、经济增长和社会消费方面对“三大战略”地区2016年的发展情况进行了整理。

（一）一带一路①

1. 一带一路持续释放“开放红利”，服务沿线各省经济发展

“‘一带一路’战略链接了长三角、珠三角、环渤海、京津冀等中国东部的开放前沿和经济中心，通过新的通道建设，将我国经济中最具优势的部分与世界经济最具潜力和最具实力的部分联系起来”；同时“覆盖了我国中部、西北、西南大部分地区以及重要的沿边地区。中西部以及沿边地区虽然在开放型经济的发展水平上仍然滞后于东部地区，

① 包括新疆、陕西、宁夏、甘肃、青海、内蒙古、黑龙江、吉林、辽宁、广西、云南、西藏、上海、福建、浙江、广东、海南、重庆。

但却是我国经济最大的回旋余地，是我国对外开放的最大潜力所在”[①]。“一带一路”政策对于优化我国沿线各省资源配置、发展开放性经济、扩大进出口有着极为重要的意义和作用。

据商务部数据显示，2016 年，中国与沿线国家贸易额为 6.3 万亿元人民币，增长 0.6%。其中出口 3.8 万亿元，增长 0.7%；进口 2.4 万亿元，增长 0.5%。其中，对“一带一路”沿线部分国家出口实现较快增长，其中对俄罗斯、孟加拉、印度出口分别增长 14.2%、9.3% 和 6.6%。

2. 地区生产总值名义增长 6.9%[②]，货物进出口总额降幅低于全国

根据计算，2016 年“一带一路”10 个省份共实现地区生产总值 35 万亿元，占全国 31 个省市地区生产总值[③]的比重约为 45.4%；同比名义增长 6.9%，增速高于全国水平 0.2 个百分点。

2016 年，在政策的拉动下，“一带一路”国内各省与世界沿线国家的互惠互通初见成效，在整体世界经济不景气、贸易保护主义抬头的环境下，进出口总额降幅窄于全国水平。根据国家统计局出版的《2017 中国统计摘要》，2016 年我国货物进出口总额为 36855.7 亿美元，相比上年下降了 6.8%，经计算，“一带一路”省份实现货物进出口总额 22176.7 亿美元，同比下降 6.2%，降幅窄于全国 0.6 个百分点。与其他两个经济带相比，明显窄于京津冀货物进出口总额 11.2% 的跌幅，与长江经济带的降幅持平。

3. 社会消费品零售总额同比增长 10.0%

根据计算，2016 年“一带一路”18 个省份共实现社会消费品零售总额 152088.8 亿元，同比增长 10.0%，增速低于全国水平 0.4 个百分点。从比重来看，2016 年“一带一路”社会消费品零售总额占全国的比重为 45.9%，相比上年有所回落。

从网上零售额来看，根据计算，2016 年“一带一路”网上零售额

---

① 引用自李光辉《“一带一路”战略对中国经济的重要意义》。

② 根据国家统计局《2017 年统计摘要》中各个省、市、自治区数据（当年生产总值、增速）进行倒推、汇总和计算。

③ 由于数据有出入，此处国内生产总值采用全国 31 个省市地区生产总值加总数，而非统计局公布的全国数。

为 31550.9 亿元，同比增长 24.5%，占我国网上零售额的比重为 61.7%；其中实物商品网上零售额为 26074.1 亿元，同比增长 23.0%，占全国实物商品网上零售总额的比重为 62.6%。

值得注意的是，2017 年各大旅游网站发布的 2016 年中国旅游报告均指出，“一带一路”战略对推动我国居民外出沿线国家旅游、及吸引沿线国家人民来华观光、促进我国旅游市场消费有着明显的作用，中国国家旅游局预计，“十三五”期间，中国将为“一带一路”沿线国家输送 1.5 亿人次的中国游客和超过 2000 亿美元的旅游消费，同时还将吸引沿线国家 8500 万人次来华旅游，拉动旅游消费约 1100 亿美元。

（二）京津冀

1. 京津冀一体化继续取得新进展

近几年以来，京津冀各地均积极贯彻落实中央部署，启动并推进京津冀协同发展。国家统计局北京调查总队以 2016 年上半年的数据进行分析，认为三地产业、交通、生态一体化继续取得新进展，优势互补、互利共赢、协调发展的趋势逐步显现。

调查报告指出，2016 年，京津冀三地经济保持平稳增长，社会民生持续改善；三地产业分工格局初步形成，转型升级步伐加快；重点领域率先协同，产业、交通、生态一体化取得新进展。京津冀协同发展作为我国重要战略举措之一，未来将继续面对激活我国北方经济、打造新的首都经济圈加快走出一条持续的科学发展之路。

2. GDP 占全国比重为 9.7%，三产结构继续优化

根据国家统计局发布的数据，2016 年，京津冀三地地区生产总值合计 74612.5 亿元，占全国的比重为 9.7%，相比上年提升了 0.1 个百分点，与 2014 年持平。第一产业、第二产业、第三产业占全国的比重分别为 6.1%、8.4% 和 11.4%。与上年相比，第二产业比重上升 0.2 个百分点，其余一产和三产均回落 0.1 个百分点。

从产业结构来看，京津冀地区三产结构进一步优化，根据计算，2016 年京津冀地区第一产业：第二产业：第三产业生产总值结构为 5.2：37.3：57.5，相比上年 5.5：38.4：56.2 的三产结构，第三产业

占比进一步提升。

3. 社会消费品零售总额同比增长 8.5%

根据国家统计局发布的数据，2016 年京津冀地区共实现社会消费品零售总额 31005.6 亿元，同比增长 8.5%，明显低于全国水平，增速相比上年也有所回落。从三省市来看，只有河北保持了社会消费品零售总额的较快增长，增速为 10.6%，北京、天津社消增速均较低，其中北京同比增长 6.5%、天津同比增长 7.2%，在全国 31 个省市中均处于较低增长水平。

从社消总额比重来看，2016 年京津冀地区社会消费品零售总额占全国的比重为 9.5%，与 2015 年持平。

从网络零售角度来看，根据中华全国商业信息中心计算，2016 年京津冀地区实现网上零售额 7011 亿元，同比增长 20.2%，占我国网上零售额的比重为 13.6%；实物商品网上零售额为 5708.8 亿元，同比增长 22.0%，占全国的比重为 13.6%。相比上年，京津冀地区网上零售额和实物商品网上零售额占全国的比重均有所回落。

从三省市情况来看，北京、天津、河北 2016 年网络零售额同比增速差异较大，其中天津和河北同比快速增长，而北京增速则明显较低。

（三）长江经济带[①]

1. 《长江经济带发展规划纲要》正式印发

2016 年 9 月，《长江经济带发展规划纲要》正式印发。

整体来看，纲要提出了“一轴、两翼、三极、多点”的格局。其中，“一轴”是指以长江黄金水道为依托，发挥上海、武汉、重庆的核心作用，以沿江主要城镇为节点，构建沿江绿色发展轴；“两翼”是指发挥长江主轴线的辐射带动作用，向南北两侧腹地延伸拓展，提升南北两翼支撑力；“三极”是指以长江三角洲城市群、长江中游城市群、成渝城市群为主体，发挥辐射带动作用，打造长江经济带三大增长极；“多点”是指发挥三大城市群以外地级城市的支撑作用，以资源环境承载力为基础，不断完善城市功能，发展优势产业，建设特色城市，加强与中心城市的经济联系与互动，带动地区经济发展。

---

① 包括上海、江苏、浙江、安徽、江西、湖北、湖南、重庆、四川、贵州、云南等 11 省市。

2. 地区生产总值占全国的比重进一步上升

根据中国社会科学院农村发展研究所所长魏后凯在“2016 中国长江论坛”的观点，在中国经济进入新常态发展阶段后，沿海地区经济增速减缓，长江经济带将成为继沿海经济带之后主导未来中国经济持续快速发展的核心支撑带。长江经济带覆盖了我国 6 亿人口，2015 年实现的地区生产总值就已占全国国内生产总值的 42.2%，其重要性可见一斑。

根据国家统计局发布的数据，2016 年长江经济带实现地区生产总值 332905.8 亿元，同比名义增长 9.0%；占全国国内生产总值的比重为 43.1%，在上年提升 0.6 个百分点的基础上再次提升了 0.9 个百分点。第一产业、第二产业、第三产业占全国总值的比重分别为 42.5%、43.2%和 43.2%。

在经济总量稳步提升的同时，我国长江经济带地区产业结构优化升级，服务业贡献稳步提升。2016 年，长江经济带第一、二产业比重继续降低，根据计算，2016 年长江经济带第一产业：第二产业：第三产业生产总值结构为 8.1∶42.9∶49.0，相比上年 8.3∶44.9∶46.8 的三产结构，第三产业所占比重明显提升。

3. 社会消费品零售总额同比增长 11.4%

根据国家统计局发布的数据，2016 年长江经济带共实现社会消费品零售总额 139650.2 亿元，同比增长 11.4%，增速高于全国水平 0.9 个百分点，相比 2015 年也提升了 0.2 个百分点。从各省市来看，除上海社会消费品零售总额同比增长 8.0%、江苏同比增长 10.9%，其余 9 省市均同比增长 11%以上。

从社消比重来看，2016 年长江经济带地区社会消费品零售总额占全国的比重为 42.1%，相比上年提升了 0.4 个百分点。

从网络零售角度来看，根据中华全国商业信息中心的计算，2016 年长江经济带实现网上零售额 24828.1 亿元，同比增长 29.6%，占我国网上零售额总值的比重为 48.2%，相比上年提升了 1.4 个百分点；实现实物网上零售额 19638.5 亿元，同比增长 29.0%，占全国的比重为 46.8%，相比上年提升了 1.8 个百分点。

三、我国区域协调发展方向明确，机遇和挑战并存

经过多年的发展，我国在区域协调发展、促进经济均衡健康增长的道路上取得了很多成就，同时也仍然存在一些问题和不足，如生产总值、人均收入和社会消费等绝对值上的不均衡、东北地区面临转型下的经济压力、全球经济不景气下东部地区经济增速的放缓、各地区联动效用不足、传统区域划分与新兴经济带的关系处理等。2016 年 3 月 16 日，十二届全国人大四次会议表决通过了关于国民经济和社会发展第十三个五年规划纲要的决议，《“十三五”规划纲要》指出，要以区域发展总体战略（即“四大板块”战略）为基础，以“一带一路”建设、京津冀协同发展、长江经济带建设（即“三大战略”）为引领，明确了区域发展战略之间的关系，进一步丰富完善了区域发展的战略框架和基本内涵。2016 年 8 月，国家发展改革委印发《关于贯彻落实区域发展战略促进区域协调发展的指导意见》，为下一步实施区域战略、优化区域格局、创新区域政策、促进协调发展指明了方向。在党的有力领导下，我国正面区域发展存在的问题，抓住协同创新的机遇，持续优化经济发展空间格局，健全区域协调发展机制，最终将实现国家全面富裕，人民生活小康。

第五部分　未来零售业发展趋势

一、2017 年经济展望

（一）固定资产投资增长 8%左右

2017 年，投资依然是实现经济“稳中有进”的重要因素和手段，其中：

基础设施投资将发挥稳定投资增长的核心作用：一是继续推进我国新型城镇化发展，完善交通运输、公共设施、清洁能源、生态环保等一系列促民生建设；二是围绕“一带一路”、京津冀、长江经济带等重大战略，推动重点区域基础设施投资增长；三是促进农业供给侧改革，加快补齐农村基础设施短板，积极推动推进城乡发展一体化目标实现；四是加快推广 PPP 等新型投融资模式。因此，预计 2017 年基础设施投资仍将保持较快增长。

制造业投资在“去库存”“去产能”效果显著的背景下，将以推进转型升级为契机，扩大传统产业技术改造和新兴制造业投资。同时，随着工业产品价格回升，工业企业的经营状况出现好转，以及相关鼓励政策的出台，我国民间投资在 2016 年下半年逐渐企稳。因此，预计 2017 年制造业投资增速将有所回暖。

房地产投资受调控政策的约束，融资环境进一步收紧，截至 2016 年年底共有 22 个城市重启限购令，市场降温将抑制开发商的投资冲动。另一方面，房地产对我国经济依然起着较大的支撑作用，国家在严控房价过快上涨的同时，也会避免房地产市场过快下滑。因此，预计 2017 年房地产投资增速将有所放缓，但放缓幅度不会太大。

综合以上因素，预计 2017 年固定资产投资增速在 8%左右。

（二）出口面临较大不确定因素

2016 年，世界经济和贸易增速均为 7 年来最低，我国货物出口额再次下降，但降幅与 2015 年持平。

全球经济持续低迷是我国出口放缓的主要原因。近三年的数据表明，世界经济呈逐年放缓趋势。根据 IMF 数据，2014 年、2015 年全球经济分别增长 3.4%和 3.2%，其中发达国家分别增长 1.8%和 2.1%，新兴市场和发展中国家分别增长 4.6%和 4.0%。2016 年全球经济增速继续走低，IMF 预计增长 3.1%，世界银行预计增长 2.9%，经合组织预计增长 2.3%，均低于 2015 年 3.2%的增速。

欧美市场增长缓慢导致我国出口外需不足。2016 年，全球经济增速继续放缓，主要是受发达经济体的影响。IMF 预测，2016 年发达经济体经济增速为 1.6%，比 2015 年下降 0.5 个百分点；新兴市场与发展中经济体经济增速为 4.2%，比 2015 年上升 0.2 个百分点。发达经济体中，美国增长 1.6%，比 2015 年回落 1 个百分点，欧元区增长 1.7%，回落 0.3 个百分点，日本增长 0.5%，与 2015 年持平。

2017 年，我国出口仍面临较复杂的国际环境，有利因素和不利因素并存，挑战和机遇同在，总的趋势向好。从不利因素来看：一是 2016 年以来，黑天鹅事件频发，“逆全球化”和贸易保护主义重新抬头，增加了未来发生贸易摩擦的可能性；二是地缘政治风险较大。朝鲜问题、韩国“萨德”问题、台湾问题，南海问题仍具有较大的政治和军事风险，对我国出口将产生不利影响。

从有利因素来看：一是 2017 年全球经济预计向好，全球贸易量将随之提高；二是随着美国就业和经济形势的向好，以及特朗普财政刺激计划实施，美元加息预期增强，美元将进一步升值，人民币随之相对贬值，有利于我国产品的出口；三是随着“一带一路”政策的深入和完善，“一带一路”发展战略将得到更多国家特别是发展中国家认可和响应，这将有助于带动我国对外投资和货物、服务的出口；四是随着外贸稳增长调结构等相关政策持续落地生效，进出口企业转型升级进程有望加快。

（三）物价涨幅预计在 2%左右

2017 年，我国物价水平将继续稳定上升：一是 2016 年全球大宗商品价格整体走强，加之国内钢铁和煤炭的去产能的深入，我国工业产品价格在下半年回升速度较快，在原材料和半成品价格均有上涨的推动下，消费终端价格水平将在 2017 年有所提升；二是中央开始抑制金融资产泡沫，促进资金回流实体经济，实体经济投资需求回暖将保证我国工业产品价格继续回升，从而推动物价水平持续提高；三是我国服务类居民消费价格上涨较快，在 2016 年全年上涨 2.2%的基础上，2017 年 1 月份同比再上涨 3.2%，随着我国服务类消费需求的不断扩大，服务价格将继续带动整体物价上涨。

因此，预计 2016 年我国 CPI 同比增长 2%左右。

（四）居民收入保持稳定增长

2017 年，在经济稳中有进的环境下，我国居民收入将继续保持稳定增长：一是随着服务业快速发展，文化、旅游、教育、金融、信息技术等行业从业人员工资水平将保持较快增长；二是为扩大中等收入群体比重，实现农村贫困人口全面脱贫，国务院在 2016 年 10 月出台《关于激发重点群体活力带动城乡居民增收的实施意见》，提出完善技术工人薪酬激励机制、提高新型职业农民增收能力、完善国有企业经营管理人员激励方式等一系列激励计划；三是为改善民生，提高低保、上调养老金等措施将持续推进；四是随着房价上涨、租金上涨等刚需消费价格的上涨，居民生活成本持续提高，从而也会带动工资的上涨。

另一方面，我国经济增速仍在下行区间，居民收入增长幅度有限。同时，2011 年至 2016 年全国居民可支配收入累计实际增长 62.6%，为实现 2020 年翻番目标，未来四年的平均增速只需在 5.33%以上。

综合以上因素可以预计，2017 年我国居民收入仍将保持与经济增速相匹配的稳定增长。

（五）房地产市场增速放缓

2016 年，我国商品房销售额同比增长 34.8%，成交规模创 2010 年以来新高，在高基础的影响下，2017 年房地产市场降温可能性较大：一是为抑制房价过快上涨，中央和地方政府将继续出台并贯彻落实各项调控政策，加大热点城市的限购限贷力度，防范市场风险；二是销售增速放缓及土地供应量的缩小，将抑制开发商投资热情，降低房地产投资增速。

另一方面，我国房地产投资增速出现断崖式放缓的概率较小：一是三、四线城市仍将坚持去库存策略，和一、二线热点城市相比，三、四线城市的房地产市场在2017年预计会实现相对平稳的增长；二是房地产对我国经济的支撑作用依然较大，国家在严控房价过快上涨的同时，也会出台相关政策避免房地产市场过快下滑。

综合以上因素，预计2017年房地产市场销售增速和投资增速均有放缓。

（六）消费品市场预计增长10.4%左右

2017年，消费依然是我国经济增长的主要动力，消费品市场发展具备以下积极因素：一是在增品种、提品质、创品牌的供给侧改革引导下，流通业改革创新进一步深入，业态创新、服务创新、体验创新方兴未艾，商品结构、业态结构持续改善；二是旅游、文化、娱乐、养老等需求的快速增长将继续推动服务类消费品市场的稳步发展；三是高品质商品需求增多将带动消费品市场保持稳定增长；四是《国内贸易流通“十三五”发展规划》提出到2020年社会消费品零售总额接近48万亿元，为实现这一目标，未来四年的年均增速为9.6%，消费品市场增速放缓空间有限。

另一方面，消费品市场也面临一定的压力：一是前期消费需求大幅释放的情况下，汽车消费和房地产相关商品消费增速将出现放缓；二是网购市场受到网民数量增长红利减弱的影响，增速将持续放缓；三是居民收入增长幅度有限，从而抑制消费快速增长。

综合以上因素，预计2017年消费品市场增速在10.4%左右。

（七）GDP预计增长6.8%左右

综合以上分析，2017年，消费将保持稳定增长；投资在基础设施投资带动下实现较快增长；出口将有所改善，因此，预计2017年我国GDP增速在6.8%左右。

二、我国零售业发展趋势

2017年，我国零售业将继续加强供给侧改革，推动创新转型。一是应对消费升级趋势，增加多样化的服务业态，提供更多高质量的刚需商品；二是针对消费圈层化特征，明确品牌定位，培育忠实的消费群体；三是积极利用科技，带给消费者新的体验，提升企业运营效率；四是坚持文化自信，将商圈文化、区域文化和中国传统文化融入在商品及商业场景中，打造更具中国特色的世界级零售品牌。

（一）消费者消费心理将更加成熟

我国消费者消费心理将更加成熟：一是从过去的追逐时尚、迎合潮流到如今的生活方式选择，模仿式、攀比式的消费行为将进一步减少，取而代之的是满足个人真实需求的消费，以及彰显自我个性的消费；二是从单纯的考虑价格或是只认品牌到追求高品质和高性价比，随着市场信息极大丰富以及消费者受教育程度持续提升，消费者的购买决策将更加科学；三是从“物质占有欲”导致的“数量消费”到崇尚“健康、简单、自然”形成的“质量消费”，绿色、环保、安全、健康的消费意识将会在市场中得到更多的体现；四是消费者将更加关注品牌的专业水平，得到领域专家推荐的商品将更能得到市场认可，而功能更新快，体验感丰富的商品则更受消费者青睐。

（二）零售业将加快适应市场变化

为应对快速变化的市场，商业正从产品渠道为王向消费者为王的发展思路转变，零售业将更具自我学习和自我适应的特征：一是商业发展重心将从城市中心区域转向居民社区，满足社区消费者需求的服务业态将更加丰富，传统百货业态占比则逐渐降低；二是消费品市场将出现更多具有城市特色和区域特征的零售品牌，改变过去“千店一面、千店同品”的现象，零售业的发展将更加多元化，更接地气。

（三）科技、时尚、生活方式相融合

2017 年，零售业将发挥传播科技、引领时尚、描绘生活的综合作用：一是零售商利用数字标牌、电子试衣间、智能定位、自助终端和 VR 展示等一系列智能应用，带给消费者智能化和场景化的购物新体验；二是产品功能将保持快速迭代，接触科技含量高的产品成为消费者获取知识、彰显个性的新途径；三是零售品牌将更清晰地向消费者传达品牌文化和品牌定位，商品陈列以生活方式展示为目的，单个门店中的商品品类更加丰富。

（四）高品质商品、服务与文化相融合

我国正从世界工厂转型为世界市场，消费品市场仍具有较大增长潜力，我国的品牌商和零售商将抓住国内市场的发展机遇，从三个方面树立消费者对本土品牌、本土零售企业的信心：一是坚持文化自信，深耕国内市场，创新出更多具有中国传统文化、符合中国人消费习惯的商品、服务和业态；二是净化市场环境，构建诚信零售体系，生产企业要提供信得过的产品，零售商应本着诚信经营的原则，公平对待消费者和供应商；三是回归工匠精神，重视国内消费者的实际需求，研究消费升级特点，为消费品市场提供更多高质量、高性价比、体验型的商品和服务。

（五）线上和线下进一步融合

随着移动互联网的快速普及，我国网民增速呈放缓趋势，电商下一步竞争重点将从吸引流量转向挖掘客户消费潜力：一是提升商品和服务质量，减少差评率，提高用户忠诚度；二是积极布局线下，通过开设母婴体验店、跨境电商体验馆、淘品牌集合店等实体展示店，让消费者直观感受其品牌文化，提升品牌形象；三是通过并购、交叉持股等方式，电商与实体店利益捆绑，线上线下融合进入双赢阶段。

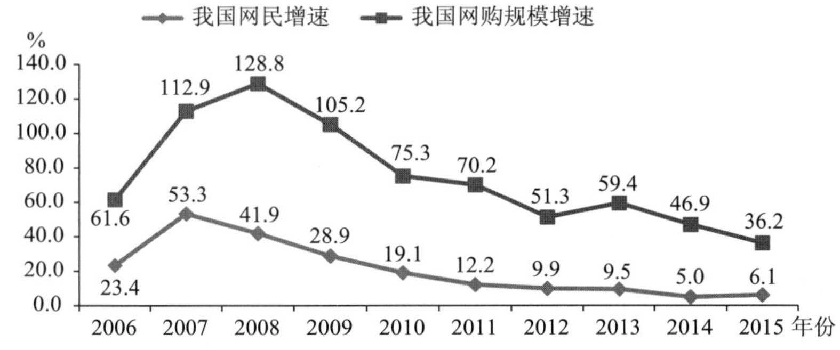

图 1 2006-2015 年我国网民规模和网购规模增速

数据来源：中国互联网络信息中心，艾瑞咨询

（六）多种业态将呈聚合式、生态化发展

未来的商业环境将继续朝着聚合式、生态化的方向发展：一是围绕社区消费需求，聚合百货、超市、便利店、家政服务、美容美发等一批丰富的零售和服务业态；二是围绕服务消费需求，大型商业综合

体将聚合教育、亲子、医疗、健身、旅游、商务等更加多样的服务业态，从商品购物中心逐渐转型为服务体验中心，为消费者提供一站式的服务体验；三是围绕零售巨头的业务需求，金融、物流、咨询等一批功能更加细分、专业性更强的生产服务型企业将呈生态化发展，提高大型零售企业的经营效率，提升居民消费质量。

（七）零售业社交化特征将更加明显

信息时代，商家和消费者所掌握的信息差距逐步缩小，以广告为主的单向传播方式效果不断衰减，口碑、信任成为零售品牌得到消费者认可的重要因素。因此，零售商将不断提高自身的社交属性：一是利用微信、微博、大众点评等主流社交平台，开展营销、会员、销售、支付等诸多环节的服务；二是通过与消费者保持高频次的互动，了解消费痛点，填补品牌短板；三是构建消费圈层，将有着同样兴趣爱好的消费者聚集在商家平台，帮助他们实现分享、沟通与讨论，提高消费者对品牌的社交心理依赖。

三、对零售企业发展的几点建议

（一）加强对消费者、商品及社会需求变化的研究

当前我国传统商业面临着前所未有的压力，一方面，相比网上商品相对透明的价格，传统商业缺乏价格优势。另一方面，随着零售多渠道的发展，一些传统商业的商品优势逐渐减弱，消费者可以用更低的价格在网上买到便宜的同类商品。这些直接冲击了传统商业的生存环境，那么新的市场环境下，传统商业的转型就需要拿出与网络购物不一样的东西，显然，这样的转型需要站在消费需求的角度，重新审视和思考。

首先从我国商品的发展历史来看，在短缺经济时代，商家组织商品主要是满足人们的生存需要，但是随着市场经济的向前发展，好品质、好品牌的商品日益受到消费者青睐。近年，随着互联网等多重渠道的普及，商品已经出现供过于求，商家需要重新思考应该向市场提供什么样的商品？

其次从消费者需求的角度来看，消费者购买商品一方面是为了满

足自己生活的需要，另一方面是为了提高自己的生活品质。随着消费者生活水平的提高，消费者越来越注重生活品质、生活格调，消费者需求发生了变化，如果零售商还是只能提供单一品种的商品，由消费者自己去组织商品，这种方式是碎片化的，很难为消费者带来生活品质的提高。

因此，新的市场环境下，零售商不但需要掌握商品的价格，还要从单纯经营商品服务转向提高特定圈层消费者品质生活入手，由商家来组织能够代表生活方式的商品，来匹配消费者需求的升级。如，宜家、无印良品，给消费者提供的是一种生活方式，主动成为消费者生活方案的解决者。此外，当前消费者对生活品质的需求，除了体现在注重商品的品质外，还体现在注重价值观的消费，因此，商家可以在圈层化消费方面做文章。

（二）加强对消费大数据的研究

随着互联网的发展，大数据在商业竞争中越来越显现出重要的作用，很多企业利用大数据进行储存、计算、分析并开展多层次的商业创新。同时，随着人们生活水平的提高，消费规模不断扩大，消费者个性化需求越来越明显，这就要求企业要制定新的营销策略来满足消费者需求。企业可以通过大数据的收集和整理，分析消费者消费习惯，判断其类型和消费偏好，对消费者进行精准定位，从而制定出有针对性的产品组合、营销计划和商业决策，并在数据分析中不断发现商机。在这方面，一些企业已经走在前列，如在京东用户行为日志中，每天记录着数以亿计的用户来访及海量行为，通过对用户行为数据进行分析和挖掘，逐步勾勒出用户的画像。

（三）提供高性价比的商品

网购的飞速发展，让产品价格透明度越来越高，消费者可以通过电商网站、“我查查”APP 等价格查询工具对所购买的商品进行网络比价，所以高加价率商品将逐步减少，因此，传统零售企业尤其是百货企业需要调整自己的商品性价比，分析消费者的需求并提供相应的商品和服务。一般来说，坚持以消费者需求为基础、设计新颖、产品种类丰富、可选颜色、材质款式均好的产品能够得到消费者的青睐。

（四）以娱乐体验业态集聚客流

当前，传统百货业面临的最大问题就是顾客到店率、交易次数等方面都呈下降趋势，这主要是跟其他新兴业态相比传统百货竞争力已经在下降。因此，百货业应该通过增加娱乐、体验等业态，进行最大限度的丰富，例如，在百货商场里划出专门的区域引进更多餐饮、娱乐业态，减少服饰类业态，增加体验类业态等。但在调整过程中，也得避免业态的同质化，必须要有自己独有的特色。在北京，金源燕莎、大悦城成为综合购物中心的成功样板，北京百货大楼、翠微等老牌百货商场，也在大幅增加餐饮、娱乐等体验式消费业态提升客流。

（五）面向、服务好 80、90 后消费主力

消费升级的大环境下，以 80、90 后为代表的新中产阶级消费主力人群，正作为新一代消费群体进入市场，根据 CHFS 调查数据测算，目前中国中产阶级的数量已经达到 2.04 亿人，占总人口的近 15%，未来 5-10 年，中国新中产规模有望上升至 3-5 亿，成为中国消费经济的中坚力量。以 80、90 后为代表的年轻一代，他们多变、个性、充满活力，那么零售商就应该更多地向其提供个性化、体验性强的商品。实际上，已经越来越多的购物中心基于 80 后、90 后消费需求，增加餐饮、娱乐、儿童游乐、儿童教育等方面的布局。

（六）与旅游、健康、教育、文化等相结合

当前零售业迎来低潮，相反旅游消费却逆势增长，与健康、教育、文化相关的产业也呈现蓬勃发展，为此，一些商业街区还提出了“文商旅”融合发展的理念，商业与旅游、健康、教育、文化等产业的融合日益成为趋势。2016 年，国务院办公厅印发《关于进一步扩大旅游文化体育健康养老教育培训等领域消费的意见》也提出，要围绕旅游、文化、体育、健康、养老、教育培训等重点领域，通过提升服务品质、增加服务供给，以服务性消费带动商品消费。事实上，越来越多的大型商业综合体将旅游、医疗、文创、健身、教育、亲子、商务等多样的业态聚合起来，从商品购物中心逐渐转型为服务体验中心，为消费者提供一站式的服务体验。

第六部分　全球零售业发展情况

一、全球零售业发展背景及运行情况

（一）世界经济增速接近底部

2016 年，世界经济和全球贸易增长速度均为七年来最低①，但从 2016 年下半年及 2017 年上半年经济走势情况来看，全球经济增长预计将有所好转。根据 IMF2017 年 4 月份公布的数据显示，2016 年世界经济实际同比增长 3.1%，较 2015 年放缓 0.3 个百分点，也低于预期值 0.1 个百分点。其中，发达经济体同比增长 1.7%，增速较 2015 年放缓 0.4 个百分点，而新兴市场和发展中经济体同比增长 4.1%，增速较 2015 年放缓 0.1 个百分点。尽管下行风险依然存在，但 IMF 仍然看好周期性复苏因素对全球经济向好的影响，预测 2017 年世界经济增长 3.5%，发达经济体增速回暖至 2%，新兴市场和发展中经济体经济增速提高至 4.5%。

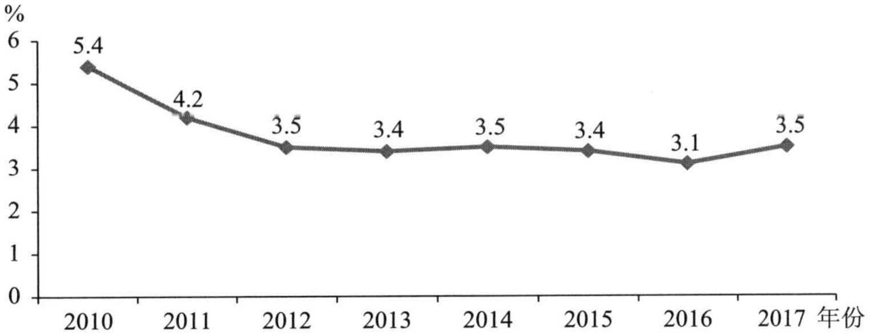

图 1　2010-2016 年世界经济增长情况

数据来源：截至 2017 年 7 月份 IMF 数据库，2017 年数据为预测值。

2016 年，美国经济增速放缓超预期，全年增速仅为 1.6%，较上年放缓 1 个百分点。欧元区经济复苏亦受阻，全年增速为 1.7%，较上年放缓 0.3 个百分点。日本经济仅增长 1%，增速也较上年下降 0.2 个

① 2017 年两会政府工作报告。

百分点。金砖五国经济增长情况稍微乐观，中国、印度仍保持6.5%以上的较快增长，俄罗斯经济则在原油价格回升的带动下，降幅收窄至0.2%。从IMF最新的预测来看，大部分国家的经济增长将在2017年有所回暖，其中，美国经济将在新任总统的财政刺激政策下增速重回2%，巴西和俄罗斯经济有望实现正增长，中国经济仍将小幅放缓，但维持在6.5%以上。

表1 2015-2016年主要发达国家和金砖五国GDP增速

单位:%

	2015年	2016年	2017年
美国	2.6	1.6	2.3
欧元区	2	1.7	1.7
日本	1.2	1	1.2
中国	6.9	6.7	6.6
巴西	-3.8	-3.6	0.2
印度	7.9	6.8	7.2
俄罗斯	-2.8	-0.2	1.4
南非	1.3	0.3	0.8

数据来源：IMF

总的来说，世界经济在2016年第四季度加速，并且这一势头有望持续。一是全球经济增速期望向好，新兴市场和发展中经济体表现出企稳向好的趋势，下半年美国个人消费支出保持了良好增长态势；二是全球贸易量增速期望向好，全球经济的向好，必然带动全球贸易量的增长；三是“一带一路”等区域合作战略将带动沿线国家投资和贸易活力。但另一方面，2017年全球经济仍然面临一些不利因素，包括：一是贸易保护主义可能加重。近几年经济增速的持续低萎，使得贸易保护主义、“逆全球化”倾向趋重；二是地缘政治风险较大。朝鲜问题、韩国“萨德”问题、台湾问题，南海问题仍具有较大的政治和军事风险；三是美国加息步伐快于预期，可能引致全球金融状况更快收紧，美元大幅升值，从而对脆弱经济体造成不利影响。

（二）中国成为世界经济发展的引领者

早在2015年，美国学者杰里米·里夫金就论断：“中国和欧盟一定是引领世界进入新经济时代的先锋。”2010年，经过三十年的持续快速增长，我国 GDP 超过日本，成为仅次于美国的世界第二大经济体。在如此存量规模基础上，近几年在国际经济不景气的情况下，我国仍保持了较快经济增长，从表 1 数据对比可知，我国经济发展的优势愈加突出；2016 年，根据联合国贸发组织的调查，中国对外投资增长 44%，达到 1830 亿美元，成为全球第二大对外投资国。且《2017 年世界投资报告》显示，我国 2016 年一跃成为最不发达国家的最大投资国，投资额是排名第二国家的 3 倍。

经过近些年的发展，中国已经成为世界经济增长的引领者，在全球经济中扮演的角色也越来越重要。我国不仅积极推进国际产能合作，踊跃参与并引领全球经济变革，“一带一路”政策也已经远远超出一个国家地区的经济战略和使命，而且“让这个世界更具创新，更具活力，更加平等，更加普惠”①。我国正在从过去的模仿者，转向创新和引领者。

（三）汇率因素促使主要零售企业增速回暖

从全球前 250 强零售企业近一财年的表现情况来看，北美地区的本土市场较好，以及中东、非洲的零售企业强势崛起，是全球零售业整体表现较好的主要原因。而欧洲、日本等地区，在商品价格下降及国内政策起伏波动较大的影响下，零售增速有所回落。

一是，主要零售企业收入增速出现回暖。根据《2017 年全球零售力量》数据显示，全球前 250 家大型零售企业在 2015 财年②总体收入实现 4.31 万亿美元，虽然低于 2014 财年的 4.48 万亿美元，但在 2015 财年美元较其他主要货币走强的背景下，经货币调整后的增长率为 5.2%，增速较上年加快 0.9 个百分点。同时，2015 财年 250 强零售商的整体盈利性高于上年，复合净利润率为 3.0%，较上年提高 0.2 个百分点。

二是，中非地区增长较快，欧洲零售商增速继续放缓。

在欧元疲软和经济增速放缓的影响下，2015 年财年进入 250 强的欧洲零售企业零售收入同比增长 3.7%，虽然较上一财年有所加快，但

① 来自于马云“一带一路”国际合作高峰论坛上的讲话。

② 截至 2016 年 6 月财务数据。

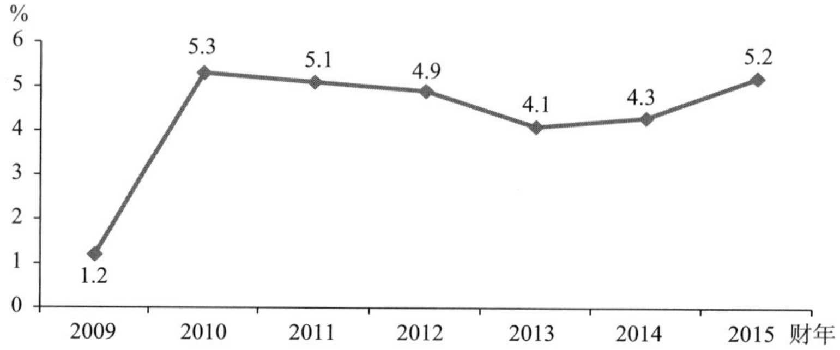

图 2　2009-2015 财年 Top250 零售企业收入同比增速

数据来源：德勤《2017 年全球零售力量》

增长速度较其他地方仍然偏低。另外，进入 250 强的欧洲零售企业共有 85 家，较上财年减少 8 家，同时也是近年来首次被北美地区零售企业赶超。欧洲零售商的全球化程度仍最高，2015 财年欧洲零售商有约 40%的合并收入来自境外业务，几乎是 250 强零售商总境外收入所占比例的两倍。80%以上的欧洲零售商拥有国际业务，业务平均分布率为 16 个国家或地区。

2015 财年入围全球 250 强的北美零售商共 88 家，较上财年增长 1 家，其中美国零售商 82 家，较上财年增长 3 家。北美零售商占 250 强收入比重达到 47. 6%，较上财年提高 2. 9 个百分点，美国零售商占 250 强收入比重达到 45. 6%，较上财年提高 3. 1 个百分点。北美零售企业收入增长率为 5. 2%，与 250 强总体水平持平。总体来看，250 强中北美零售商的全球化水平相对较低。尽管北美地区零售商的业务平均分布率为 9. 2 个国家或地区，但仅有 13. 6%的合并零售收入来自境外，超过 40%的北美零售商仍仅拥有本土业务。

亚太地区共有 59 家零售商入围全球 250 强，营业收入占比达到 14. 4%，均处于增长的趋势。亚太地区零售商的收入增长率处在中间水平，既高于欧美水平，又低于中东、非洲和拉美地区，2015 财年收入增长 7. 3%，增速较上财年提高 1. 2 个百分点。亚太地区零售商拓展国际业务的步伐明显减慢，其中约有 90%的零售收入来自国内，近半数的零售商无境外零售收入，业务平均分布率仅为 3. 8 个国家或地区。

拉美地区入围 250 强的零售商零售收入较上财年增长 11. 3%，增速提高 2. 8 个百分点。9 家零售商几乎全部的零售收入来自本地区，其中约有四分之一的零售收入来自本地区其他国家。

非洲和中东地区的零售业发展迅速，2015 财年入围 250 强的零售商收入增长 19.4%，较上财年提高 0.3 个百分点。不断扩大的非洲中产阶层为其零售业快速发展提供有力支撑。9 家零售商的业务平均分布率为 11.3 个国家和地区，境外零售收入占合并零售收入的三分之一以上。

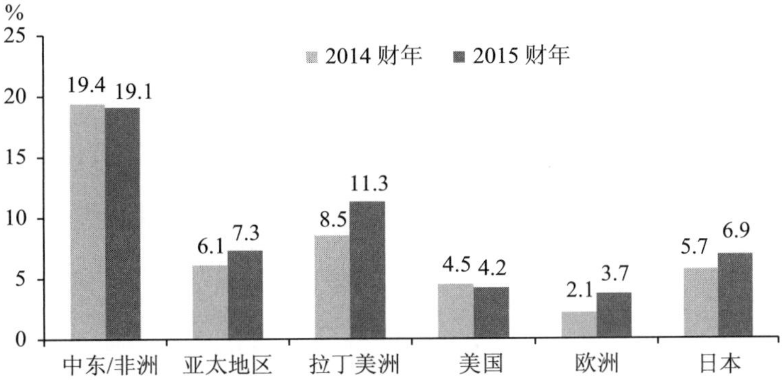

图 3　2014-2015 财年分地区主要零售企业收入同比增速

数据来源：德勤《2017 年全球零售力量》

三是中国零售商共 10 家入围榜单。2015 财年，我国大陆地区共有 10 家零售商入围全球 250 强零售企业，较上财年增加 1 家。其中，京东商城、苏宁云商、华润万家、上海百联、永辉超市、唯品会和重庆百货排名均有所提高。唯品会在 2014 财年首次进入榜单，2015 财年排名从 246 名跃至 157 名，上升速度最快。

表 2　2014-2015 财年我国大陆地区入围全球 Top250 零售企业

2014 财年		2015 财年	
零售收入排名	入围 TOP250 强零售企业	零售收入排名	入围 TOP250 强零售企业
57	苏宁云商	36	京东商城
58	京东商城	46	苏宁云商
67	国美电器	54	华润万家
128	上海百联	69	国美电器
169	永辉超市	121	上海百联
191	大商股份	146	永辉超市
196	重庆百货	157	唯品会
212	农工商超市	192	重庆百货
246	唯品会	195	大商股份
		214	农工商超市

数据来源：德勤《2017 年全球零售力量》

四是线上业务对实体零售商意义重大。2010-2015 年，高成长 50 强零售收入的复合年增长率为 22.2%，是 250 强整体增长率的 4 倍以上。高成长 50 强零售商增速强劲在很大程度上是由于电商市场快速扩张以及重大并购活动不断增加。高成长 50 强零售收入的复合同比增长率为 25.9%，是 250 强整体增长率的 5 倍。然而，高销售额并未转化为高利润率。高成长 50 强零售商 2015 财年的复合利润率为 3%。特别是高成长 50 强榜单中有三家大型企业：京东、Albertsons、亚马逊利润率较低，这对高成长 50 强整体利润率偏低影响较大。

二、主要国家（地区）经济运行和零售业发展情况

（一）美国经济增速意外降低

2016 年美国经济同比仅增长 1.6%，创 2011 年以来最低，占经济比重较大的制造业、批发零售业、和房地产业增速均较往年有所放缓。其中，批发业同比增长 0.7%，增速较上年放缓 2.3 个百分点；零售业同比增长 2.1%，增速较上年放缓 1.6 个百分点。房地产业仅增长 1.1%，增速是 2010 年以来最低。而美元走强以及其他主要经济体需求不足导致美国制造业依然疲软，石油价格上涨又使得行业成本上升，降低消费意愿。

表 3　2010-2016 年美国主要行业 GDP 增速

单位:%

	2010 年	2011 年	2012 年	2013 年	2014 年	2015 年	2016 年
GDP	2.5	1.6	2.2	1.7	2.4	2.6	1.6
制造业	5.3	0.3	0.3	2.0	1.0	1.5	-0.1
批发业	3.1	2.1	2.9	3.2	3.8	3.0	0.7
零售业	2.4	0.6	1.9	2.9	2.8	3.7	2.1
房地产	2.7	2.7	1.5	1.5	2.0	2.5	1.1

资料来源：BEA

从个人消费支出来看，自 2015 年个人消费支出增速放缓以来，2016 年美国个人消费支出增速虽有所回升，但势头缓慢。全年大部分时间处在 3%以下的低速增长，其中，服务消费增速低于商品消费增速。2016 年最后三个月，在同期基数较低的影响下，个人消费实现

3.1%、3.1%和3.2%连续三月3%以上的增长速度，但这一回暖趋势能否在2017年持续仍不确定。

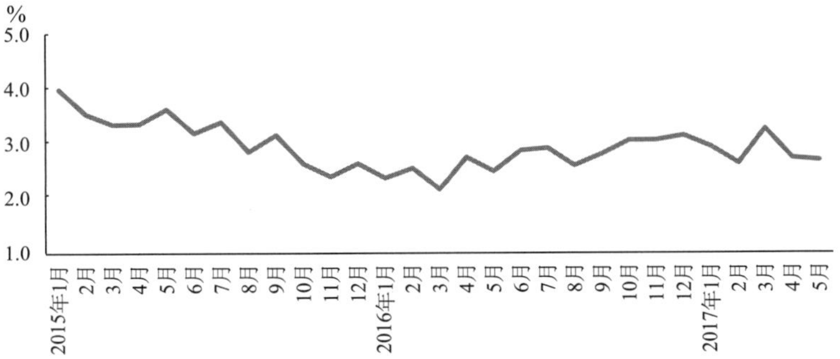

图4　2015-2017年美国个人消费支出月度同比增速

数据来源：BEA

在能源价格回升的带动下，美国物价指数从去年8月份起呈逐月回升趋势，CPI月度同比增速从去年12月到2017年4月连续5个月超过2%，实现美联储通胀目标。但5月份CPI意外降至2%以下，汽油价格、服务价格、服装价格以及机动车辆价格下降导致美国物价涨幅再次出现放缓。这也对美国进一步加息产生影响。

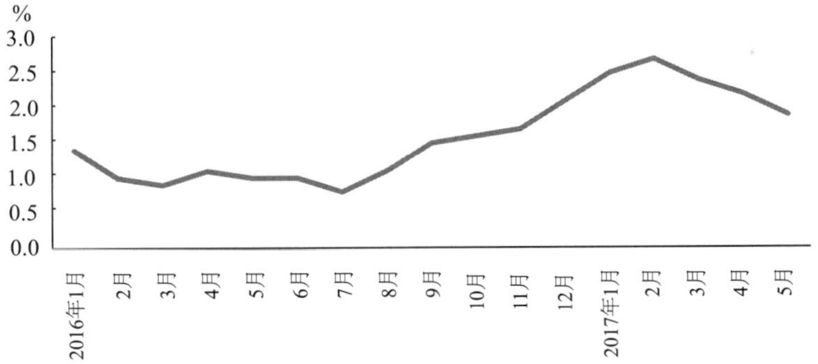

图5　2015-2016年美国CPI月度同比增速

数据来源：东方财富网数据中心

根据美国商务部数据，2016年，美国零售和餐饮业实现销售总额5.75万亿美元，同比增长3.0%，增速较2015年同期加快0.8个百分点。CPI自8月份回升促使美国零售额增速加快，其中4季度美国零售额同比增速达到4.1%，较前三季度平均增速大幅加快1.4个百分点，前三季度零售额同比增速分别为2.7%、2.6%和2.7%。

2016年，美国商品零售额实现5.06万亿美元，同比增长2.7%，

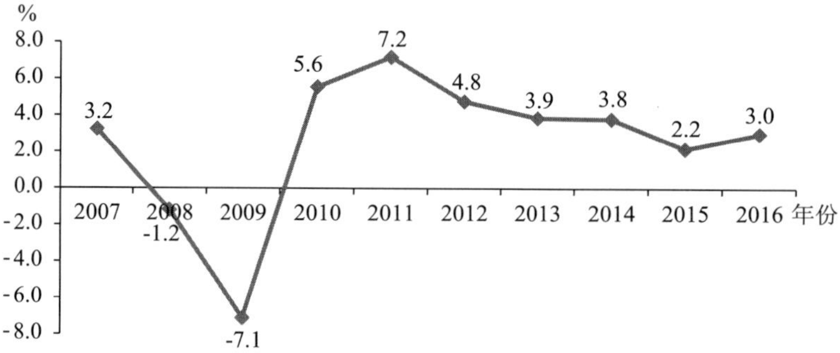

图 6　2007-2016 年美国零售和餐饮收入增速

数据来源：BEA

增速较 2015 年加快 1.3 个百分点。尽管整体增速加快，但从主要品类商品销售情况来看，仅建材及花园设施商品零售额增速达到 5.9%，快于上年 1.4 个百分点，其他主要品类商品如汽车、家居、建材、食品、五金等销售增速均有所放缓。另外，“其他”部分增长迅速，该部分中又以医疗和非店铺经营项增长最快，增速分别达到 7.1%和 11.3%。

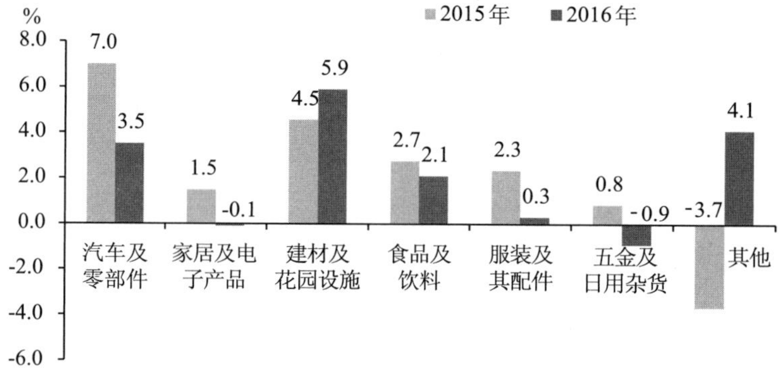

图 7　2015-2016 年美国各类商品零售额增速

数据来源：BEA

（二）“脱欧”事件影响欧洲经济复苏

2016 年，欧洲在长期经济增长乏力，贸易投资缺乏活力，削减财政赤字困难的背景下，内部矛盾逐步激化，而各国各阶层对移民立场的不同，以及恐怖袭击事件频发，导致“脱欧”情绪在欧洲内部蔓延，经济复苏风险加大。从 2016 年各季度 GDP 增速情况来看，欧洲整体经济除二季度经济增长情况稍好外，其他三个季度增速均低于 2%。而欧洲主要的经济强国，如德国、法国、英国等也难以为欧洲经济复苏提供强大动力，英国宣布脱欧后，2017 年一季度 GDP 同比增速更是放缓至 0. 6%，脱欧对英国贸易产生的负面影响正在显现。

表 4 2015-2017 年欧洲 GDP 各季度实际同比增速

单位:%

	2015Q1	2015Q2	2015Q3	2015Q4	2016Q1	2016Q2	2016Q3	2016Q4	2017Q1
欧盟	2. 3	2. 1	2. 0	2. 4	1. 8	2. 3	1. 7	1. 7	2. 4
欧元区	1. 8	2. 0	1. 9	2. 2	1. 7	2. 3	1. 7	1. 5	2. 5
德国	1. 3	1. 8	1. 8	2. 1	1. 5	3. 2	1. 6	1. 3	2. 9
法国	1. 3	1. 1	0. 8	1. 2	1. 4	1. 8	0. 6	0. 9	1. 5
英国	3. 6	1. 7	1. 3	2. 2	2	1. 8	1. 5	1. 9	0. 6

数据来源：欧洲统计局

欧洲主要国家就业情况在 2016 年持续改善，欧洲整体失业率从 2015 年的 9. 4%降至 8. 5%。其中，德国、英国、法国、意大利、西班牙失业率分别为 4. 1%、4. 8%、10. 1%、11. 7%和 19. 6%，分别较上年下降 0. 5、0. 5、0. 3、0. 2 和 2. 5 个百分点。希腊失业率仍然最高，达到 23. 6%，但较上年也下降了 1. 3 个百分点。

表 5 2011-2016 年欧洲主要国家人口失业率

单位:%

	2011 年	2012 年	2013 年	2014 年	2015 年	2016 年
德国	5. 8	5. 4	5. 2	5	4. 6	4. 1
希腊	17. 9	24. 5	27. 5	26. 5	24. 9	23. 6
西班牙	21. 4	24. 8	26. 1	24. 5	22. 1	19. 6
法国	9. 2	9. 8	10. 3	10. 3	10. 4	10. 1
意大利	8. 4	10. 7	12. 1	12. 7	11. 9	11. 7
英国	8. 1	7. 9	7. 6	6. 1	5. 3	4. 8

数据来源：欧洲统计局

2016 年，在全球大宗商品价格回暖的作用下，欧洲通胀率在下半年也出现快速回升的态势，自 6 月份重回小幅通胀后，欧元区 HICP 同比增速逐月提升至 2017 年 1 月的 2%。进入 2017 年，能源价格走势再次低迷，欧洲通胀水平随之降低，虽然这让欧洲不得不调低通胀预期，但也给了央行继续实施宽松政策的理由。

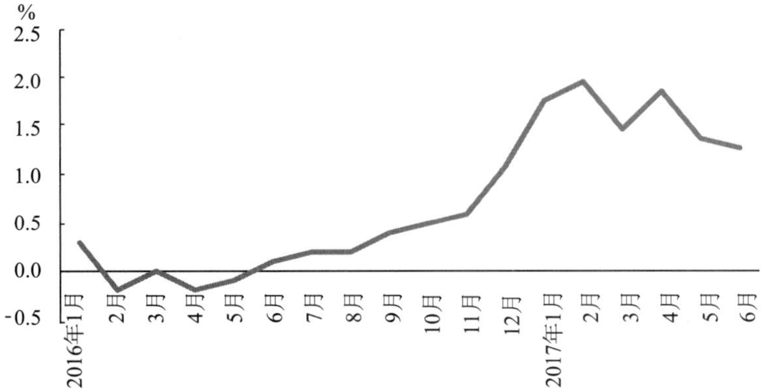

图 8　2014-2016 年欧元区 HICP① 月度同比增速

数据来源：欧洲统计局

2016 年，欧洲零售市场基本持续上年的回暖趋势，欧元区零售量上半年增长势头虽有小幅回落，但自 4 月份同比增速下降至 0.1%的低点后开始反弹，截至 2017 年 4 月，零售量同比增长 4.1%，增速较上年同期大幅提高 4 个百分点。随着全球经济预期向好，以及欧洲持续的经济刺激政策的作用，欧洲零售业将在 2017 年保持温和的增长态势。

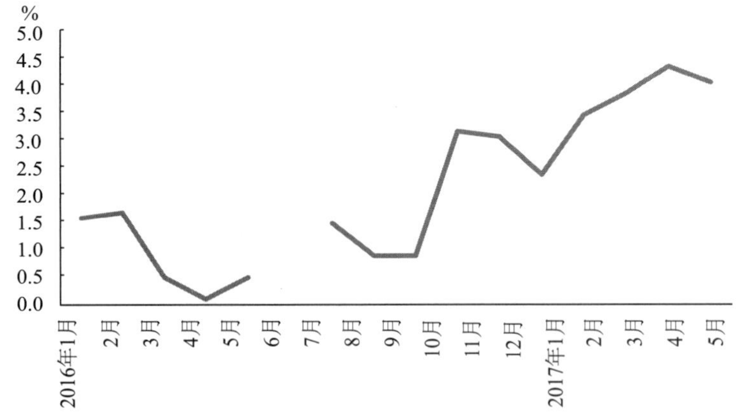

图 9　2016-2017 年欧元区零售量月度同比增速

(三) 日本重启经济刺激计划，零售业止跌回升

日本经济自 2015 年下半年增速持续放缓，人口老龄化、投资机会

---

① 调和消费者物价指数，为欧洲成员国价格指数的加权平均值。该数据以 2015 年为基准。

匮乏等一些深层次问题使得日本经济缺乏活力。日本总务省公布的数据显示，2016 年日本人口减少了 30 万人，保持了近 8 年以来持续下降的态势，降幅创 1968 年开始统计以来的新高，其中，65 岁以上人口占全国人口比例达到 27.17%，14 岁及以下的人口比例下降到 12.69%。

为遏制经济持续放缓的局面，日本在 2016 年中重新开始新一轮的经济刺激计划，8 月 2 日日本内阁通过总规模为 28.1 万亿日元的经济刺激计划，而为了重振居民消费，日本首相安倍晋三于 2016 年 6 月 1 日宣布把消费税上调时间推迟两年半，日本政府希望通过这些宽松经济政策，重启“安倍经济学”，使经济尽早摆脱通缩。

从日本内阁府最新公布的按 2005 年不变价计算的实际 GDP 同比增速来看，2016 年开始，日本经济增速在 1 季度放缓至 0.5%的阶段低点后开始回升，至 4 季度已达到 1.6%。2017 年 1 季度，日本经济增速再次放缓，同比增长 1.3%。

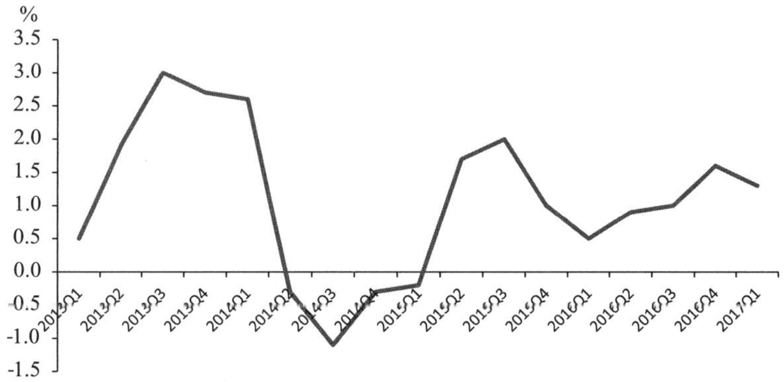

图 10　2013-2017 年日本季调后实际 GDP 同比增速

数据来源：日本内阁府

在新一轮经济刺激计划推动下，日本于 2016 年 10 月结束了长达半年之久的通缩情况，CPI 在第四季度持续维持正增长，10 月、11 月、12 月 CPI 增速分别为 0.1%、0.5%、0.3%。

日本零售销售在 2016 年第 4 季度取得 0.8%的同比正增长，增速较上年同期提高 1 个百分点，结束了连续 4 个季度零售销售同比负增长的颓势。2017 年 1 季度零售销售增速进一步加快至 1.2%，消费市

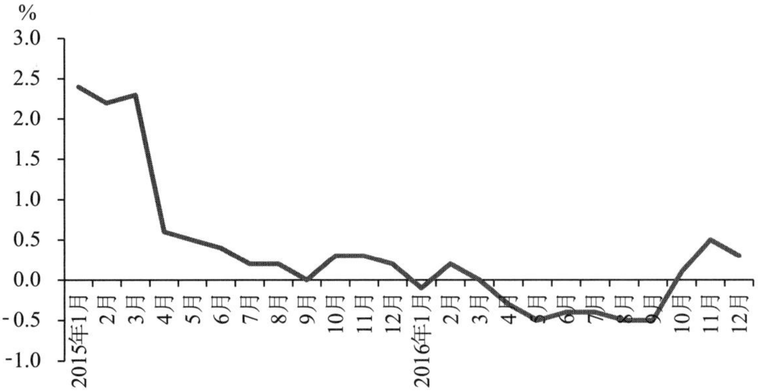

图 11　2014-2016 年日本季度 CPI 同比增速

数据来源：日本总务省统计局，以 2015 年平均指数为基准

场回暖。但另一方面，重启的“安倍经济学”必将加剧日本财政赤字，推迟调高消费税率将导致日本政府财政整顿的前景更加不明朗，如何确保社会保障所需要的财源成为今后日本政府需要面对的问题之一。

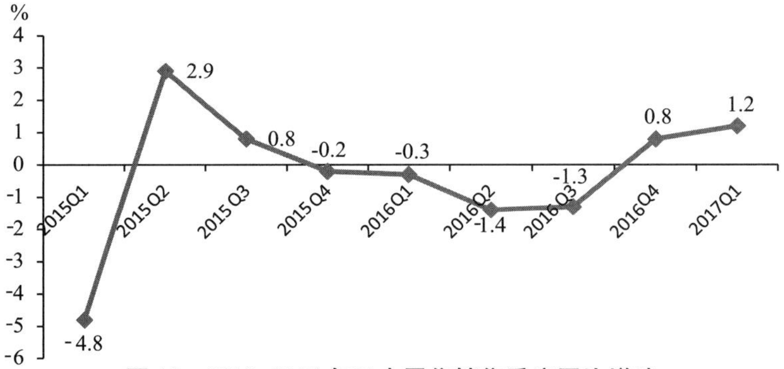

图 12　2015-2017 年日本零售销售季度同比增速

数据来源：日本经济产业省

三、全球重点零售企业发展情况

（一）宜家保持强劲的增长势头

2016 财年[①]，宜家集团总收入达到 351 亿欧元，较上一财年增长 7.4%，虽然增速放缓 3.8 个百分点，但依然保持较为强劲的增长势头。其中，中国地区增长最快，宜家中国销售额超过 125 亿元，同比

① 2015 年 9 月 1 日至 2016 年 8 月 31 日

增长 18.9%，宜家每天迎接 25 万中国访客，客流量比上年增长 18.9%，宜家中国会员总数超过 1634 万，同比增长 21%。

宜家在 2016 财年实现快速增长，除了与房地产市场火热行情有关外，最主要还是依靠宜家自身的产品定位和品牌形象：一是打造性价比超高的明星产品，例如 39 元的拉客边桌，19.9 元的贝卡姆调味品架、9.9 元的特洛卡剪刀三件套等等，都是价格实惠的实用产品；二是通过开设宜家餐厅，很好解决了门店位置较偏，顾客就餐不方便的问题，增加人们逛宜家的次数和时间；三是致力于打造可持续的生活方式，2016 财年宜家集团共卖出 7900 万个 LED 灯泡，其中，中国地区售出 400 万个，节省的电能可满足 13 万中国家庭一年的用电需求；四是推进电商平台发展，2016 财年宜家网上销售收入增长 30%，达到 14 亿欧元，电商业务已覆盖 14 个国家。2016 财年，宜家在全球开设 19 家订货提货中心，较上一财年大幅增加 16 家；五是积极参与公益活动，提高品牌形象。2016 财年，宜家集团共筹集善款 2350 万欧元，截止到 2016 年，宜家已向联合国儿童基金会和救助儿童会捐款达 8800 万欧元，用于支持当地儿童学习和玩乐，已累计帮助了超过 1200 万儿童。其中 770 万欧元用于中国相关儿童教育项目。

（二）亚马逊积极布局线下实体店

2016 年，亚马逊继续良好的增长态势。全年净销售额为 1360 亿美元，较 2015 年增长 27%，增速较上年加快 7 个百分点。在整个 2016 财年，亚马逊的净利润达到 24 亿美元，较 2015 年的 5.96 亿美元大幅增长 3 倍。根据亚马逊公布的截至 3 月 31 日的 2017 年第一季度财报，其净营收同比增长 23%，净利润增长 41%，其股价也于 2017 年 7 月份重回 1000 美元。

2016 年，亚马逊在保持线上业务优势的同时，也在积极拓展线下实体项目：

一是开设无人便利店 Amazon Go，它减少了传统超市的收银结账过程，顾客不用再排队等待结账，只需下载 Amazon Go 的 APP，在商店入口扫码成功后便可开始购物，Amazon Go 的传感器会计算顾客有效的购物行为，并在其离店后自动扣除账户上的费用。亚马逊也给这

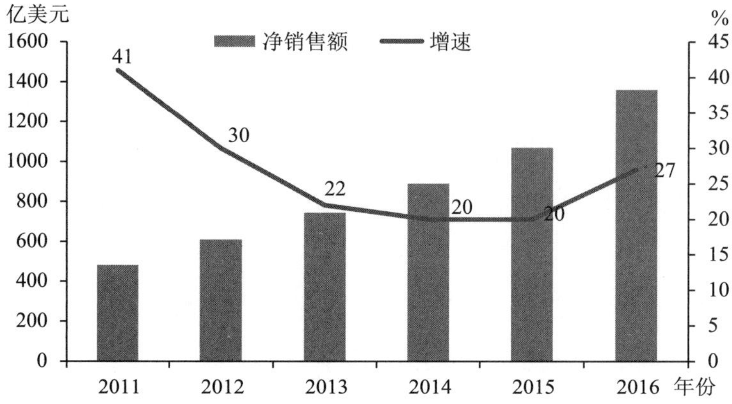

图 13　2011–2016 年亚马逊净销售额及增速情况

数据来源：亚马逊财报

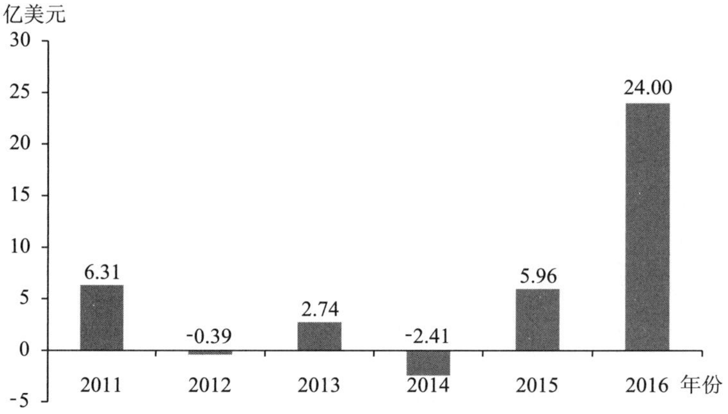

图 14　2011–2016 年亚马逊净利润

数据来源：亚马逊财报

套系统取名为“拿了就走”（“Just Walk Out”）。

二是继续推进线下书店。与传统书店相比，亚马逊线下书店所有图书不注明价格，顾客需要用手机扫码进行价格查询，亚马逊以这种方式体现自己的价格优势。同时，取代价格标签的是图书的综合评分，外加一则书评人的推荐，利用这些数据可以根据受众群体和地区进行针对性营销展示。亚马逊实体书店除图书外还售卖以亚马逊自主研发为主的智能设备，包括智能音箱 Eco，电视盒子 FireIV 等等，亚马逊想借此让顾客亲手体验科技设备的魅力。

三是巨资收购全食。为防范电商人口红利下降带来的风险，提高用户粘性，亚马逊以 137 亿美元收购生鲜杂货零售商 Whole Food Market（全食）。全食超市是一家经营 30 多年的连锁企业，提倡高质量高品质生活，提供天然和有机的绿色健康食品，深受美国中产阶级喜爱。除了扩大业务范围外，遍布美国各大城市的全食门店可以解决亚马逊“最后一公里”问题，担当网购自提点或是配送点的角色。

（三）阿迪达斯迎合年轻消费者加速增长

尽管全球快时尚行业面临发展瓶颈的问题，但传统运动品牌阿迪达斯近年来却实现了加速增长的良好业绩。根据阿迪达斯财报，2016 年阿迪达斯全球收入达到 193 亿欧元，同比增长 14%，增速较 2015 年提高 4 个百分点。其中，大中华地区销售收入达到 30 亿欧元，同比增长 22%，增速较 2015 年提高超过 4 个百分点。

阿迪达斯近年来从产品设计和品牌形象上更加倾向年轻消费者的口味，从品牌代言来看，阿迪达斯赞助 NBA 球星 James Harden 和法国球星 Paul Pogba 等年轻运动员；从打造爆款来看，增加更多配色的经典款 Stan Smith 深受国内外明星的喜爱，贝克汉姆、刘雯等明星都穿过这款球鞋登上时尚版面；营销重点集中在纽约、洛杉矶、伦敦、东京、上海等潮流城市，阿迪达斯营销负责人认为全球 50%的潮流年轻人都会集中在这些核心城市，是其重点培养的市场；积极创新，推出科技外套 ZHE Hoodie 零负能量卫衣，无论是日常休闲还是运动状态均有较好的穿着体验；开展机器人工厂项目 Futurecraft M. F. G，在跑鞋设计中采用动作捕捉技术，根据足部形态特征设计出个性化产品。

第七部分　相关政策法规

关于印发《国内贸易流通“十三五”发展规划》的通知

【发布单位】商务部、发改委等 10 部门

【发文字号】商建发〔2016〕430 号

【发布日期】2016 年 11 月 11 日

各省、自治区、直辖市、计划单列市及新疆生产建设兵团商务、发展改革、工业和信息化、财政、国土资源、农业、税务、工商、检验检疫、质量技术监督（市场监管部门）部门，中国人民银行上海总部、各分行、营业管理部、省会（首府）城市中心支行、副省级城市中心支行：

为做好“十三五”期间内贸流通工作，加快构建现代流通体系，充分发挥内贸流通在国民经济中的基础性和先导性作用，根据《中华人民共和国国民经济和社会发展第十三个五年规划纲要》，商务部等 10 部门制定了《国内贸易流通“十三五”发展规划》，现印发给你们，请认真贯彻执行。

国内贸易流通“十三五”发展规划

《国内贸易流通“十三五”发展规划》根据《中华人民共和国国民经济和社会发展第十三个五年规划纲要》和《商务发展第十三个五年规划纲要》编制，主要阐明“十三五”时期我国内贸流通发展的指导思想、发展目标和重点任务，是市场主体的行为导向，是政府履职的重要依据。

一、发展基础

“十二五”时期，在党中央、国务院正确领导和各部门、各地区

共同努力下，我国内贸流通保持较快发展，转型升级步伐加快，区域城乡协调发展，现代化水平显著提升，营商环境明显改善，为应对复杂多变的国内外经济形势，促进国民经济持续健康发展作出了重要贡献。

总体规模持续扩大。“十二五”期间，社会消费品零售总额年均增长 13.8%，2015 年达到 30.1 万亿元；批发零售住宿餐饮业增加值年均增长 12.1%，2015 年达到 7.8 万亿元；内贸流通就业人数从 2010 年的 1.03 亿人增加到 2015 年的 1.49 亿人。内贸流通有力地拉动和支撑了国民经济和社会发展。

区域城乡协调发展。“十二五”期间，东、中、西部地区社会消费品零售总额年均增长分别为 13.1%、14.6%、15.0%，中西部地区社会消费品零售总额占全国比重提高了 1.6 个百分点，内贸流通区域结构有所改善。实施万村千乡市场工程，建设全国农产品流通骨干网，积极推进农村电子商务，开创了农村流通现代化新局面。“十二五”期间，城镇和乡村社会消费品零售总额年均增长分别为 13.6%、14.8%，城乡内贸流通保持协调发展。

现代流通方式快速发展。“互联网+流通”行动计划积极落实，电子商务示范企业、示范基地、示范城市建设扎实推进，电子商务与物流快递协同发展。2015 年，电子商务交易额达到 21.8 万亿元，比 2010 年增长 3.8 倍；网上零售额达到 3.9 万亿元，比 2010 年增长 6.6 倍。依托骨干网络、枢纽节点、配送终端构成的多层次物流体系加快构建，以托盘为切入点的商贸物流标准化水平得到提升，城市共同配送试点成效明显。2015 年，全国连锁零售企业商品销售额达到 3.5 万亿元，比 2010 年增长 30%；商品统一配送率达到 76.5%，比 2010 年提高 4.1 个百分点。现代服务业综合试点加速了流通现代化进程。云计算、大数据、物联网、移动互联网、供应链等先进技术和管理模式推广应用，线上线下加快融合，新业态、新模式不断涌现，流通效率稳步提高。

对外开放水平明显提升。“十二五”期间，批发零售住宿餐饮业实际利用外资 542.8 亿美元，对外直接投资 768.3 亿美元，走出去战略成效初显。跨境电子商务快速发展，“海外仓”建设稳步推进，市场采购贸易方式取得积极成效，内外贸一体化水平明显提高。

发展环境不断优化。“十二五”期间，促进内贸流通发展的政策文件密集出台，相关法律法规、规划和标准体系逐步健全。内贸流通体制改革发展综合试点取得积极进展，简政放权红利逐步显现，事中事后监管得到加强，市场统计监测和调控体系逐步完善，肉菜、中药材、酒类等重要产品追溯体系覆盖网络进一步扩大，诚信体系建设有序推进，保护知识产权和打击侵权假冒取得新进展，综合执法体系初步构建。

“十二五”期间，我国内贸流通取得了重大成就，但仍然存在突出问题，主要表现在：流通效率低、成本高问题依然存在；市场布局有待优化，区域城乡协调发展有待进一步加强；实体商业转型缓慢，电子商务尚需规范，线上线下互动发展有待进一步融合；供应链发展水平不高，流通引导生产作用有待增强；内外贸联动发展不足，国际竞争力有待提高；管理体制机制仍不健全，法治化营商环境有待完善。

二、机遇与挑战

“十三五”时期是我国全面建成小康社会的决胜阶段，内贸流通将在经济提质增效、转型升级过程中发挥引导生产、促进消费、扩大就业、推动创新的重要作用，成为产业结构调整的加速器，大众创业就业的主渠道，经济稳定增长的新引擎。

从机遇看，“十三五”期间，新一轮科技革命和产业变革蓄势待发，云计算、大数据、物联网、移动互联网等新一代信息技术广泛深入应用，为流通变革奠定技术基础。创新驱动发展战略深入实施，大众创业、万众创新全面推进，市场活力进一步释放，为内贸流通发展提供新动力。现代服务业加快发展，服务业比重进一步提高，服务消费成为消费结构升级的重点，为内贸流通转型升级提供有力支撑。新型城镇化进程加快，城乡居民收入差距缩小，城乡一体化水平提高，为内贸流通协调发展拓展空间。“一带一路”建设、京津冀协同发展、长江经济带发展三大战略全面实施，区域经济格局优化，为形成大市场、大流通创造良好条件。内贸流通改革进程逐步深入，体制机制日趋健全，行业发展环境日益优化，为内贸流通规范发展提供保障。

从挑战看，土地、人力、租金等费用提高，内贸流通成本上升压力加大。居民消费结构加速升级，便利消费、品质消费、服务消费等需求增强，内贸流通创新经营业态、商业模式、服务内容的任务更加艰巨。资源环境制约加剧，粗放型发展方式难以持续，内贸流通实现绿色、低碳、循环发展的压力加大。高品质商品和服务有效供给不足，供需错配矛盾突出，内贸流通推动供给侧结构性改革需求更为迫切。世界经济在深度调整中曲折复苏，全球贸易持续低迷，国际经贸规则面临重构，内贸流通引进来、走出去面临的形势更加严峻。

综合判断，“十三五”时期内贸流通发展仍处于重要战略机遇期，也面临诸多严峻挑战。要准确把握国内条件和国际环境的深刻变化，积极适应把握引领经济新常态，强化战略思维、创新思维和底线思维，不断开拓内贸流通发展新局面。

三、指导思想和发展目标

（一）指导思想

高举中国特色社会主义伟大旗帜，全面贯彻党的十八大和十八届三中、四中、五中、六中全会精神，以马克思列宁主义、毛泽东思想、邓小平理论、“三个代表”重要思想、科学发展观为指导，深入贯彻习近平总书记系列重要讲话精神，按照“五位一体”总体布局和“四个全面”战略布局，牢固树立和贯彻落实创新、协调、绿色、开放、共享的发展理念，以提升流通质量和效率为中心，以流通信息化、标准化、集约化为主攻方向，以改革创新为动力，以信息技术应用为支撑，实施流通升级战略，推动供给侧结构性改革，完善内贸流通体制机制，建设法治化营商环境，扩大流通对外开放合作，构建现代流通体系，推动从流通大国向流通强国转变，充分发挥内贸流通在国民经济中的基础性和先导性作用，为全面建成小康社会作出重要贡献。

（二）发展目标

到 2020 年，新一代信息技术广泛应用，内贸流通转型升级取得实质进展，全渠道经营成为主流，现代化、法治化、国际化的大流通、大市场体系基本形成。流通新领域、新模式、新功能充分发展，社会化协作水平提高，市场对资源配置的决定性作用增强，流通先导功能充分发挥，供需实现有效对接，消费拉动经济增长的基础作用更加凸显，现代流通业成为国民经济的战略性支柱产业。

流通升级战略
“十三五”期间，以推动流通大国走向流通强国为目标，实施消费促进、流通现代化和智慧供应链三大行动，全面打通消费、流通和生产各环节，促进流通升级，提升流通在国民经济中的基础性支撑和先导性引领作用。 1. 消费促进行动 顺应个性化、多样化的消费需求，改善消费环境，挖掘农村消费潜力，着力扩大居民消费。保障基本消费，满足中高端消费，以扩大服务消费为重点带动消费结构升级，支持信息、绿色、时尚、品质等新兴消费，稳步促进住房、汽车和健康养老等大宗消费。积极引导海外消费回流。发挥新消费引领作用，加快培育形成新供给新动力，增强消费拉动经济的基础作用。 2. 流通现代化行动 推动“互联网+流通”，大力发展电子商务和现代物流，加快流通信息化进程。加强流通标准化建设，强化标准实施应用，完善流通标准管理。促进流通集约化发展，提高组织化水平，强化绿色发展，推动实体商业转型升级，使内贸流通从规模扩张型向质量效益型转变。 3. 智慧供应链行动 发挥流通先导作用，推动流通与工业、农业和其他服务业深度融合，加快供应链创新与应用。通过组织变革和流程再造，构建客户导向、企业协同、资源共享、创新驱动的供应链体系，提升智能生产、产品创新和全球营销能力，实现生产与需求高效匹配，助力供给侧结构性改革，提高经济运行质量和效益。

1. 总体规模稳步扩大

到 2020 年，社会消费品零售总额接近 48 万亿元，年均增长 10%左右，消费对经济增长的贡献明显加大。批发零售住宿餐饮业增加值达到 11.2 万亿元，年均增长 7.5%左右。

2. 现代化水平明显提升

到 2020 年，流通成本进一步下降，效率明显提高。电子商务交易额达到 43.8 万亿元，年均增长 15%左右。网上零售额达到 9.6 万亿元，年均增长 20%左右。实体商业加速转型，线上线下深度融合，服务消费、绿色消费占比扩大，流通信息化、标准化、集约化水平大幅提升。

3. 企业竞争力显著提高

流通企业活力增强，形成一批具有国际竞争力的骨干流通企业，发展一批专业化、特色经营的中小流通企业。流通企业创新创业能力显著增强，组织化程度大幅提高，整合供应链水平明显提升，品牌影响力扩大，走出去步伐加快。

4. 发展协调性进一步增强

国内外市场一体化程度明显提升。东部地区流通创新引领作用增强，中西部地区流通枢纽和通道功能提升，东北地区流通支撑经济增长作用加大，区域市场一体化程度提高。城市流通网络体系更加优化，农村流通现代化进程加快，城乡内贸流通发展差距缩小。流通产业扶持老少边穷地区经济和社会发展取得积极成效。

5. 营商环境明显改善

到2020年，中央与地方政府权责划分进一步清晰，部门间协作机制基本健全，社会共同治理能力显著提升。法律法规和信用体系更加完善，综合执法效能提高，以诚信兴商为主的商业文化逐步彰显，市场秩序明显好转，商品和要素流动自由有序。规则健全、统一开放、监管有力、协调高效的内贸流通体制机制基本形成。

四、主要任务

（一）推进实体商业创新转型

1. 创新经营业态与模式

鼓励实体商业与旅游、文化和娱乐等相关产业跨界融合，加强产业协同，延长服务链条，繁荣市场增强活力。实施零售业提质增效专项行动，引导零售企业提高经营效率，提升服务水平。引导零售企业提高自营比重，积极发展买断经营，提升盈利能力和差异化经营水平。鼓励购物中心、百货店等调整经营结构，从传统销售场所向社交体验消费中心转型。推动连锁化、品牌化企业设立社区便利店和社区超市，发挥终端网点优势，拓展便民增值服务。推进商品交易市场优化布局、集聚资源和创新发展，向智能化、体验化、平台化转型升级，促进市场与产业融合发展。培育生活性服务新业态新模式，提升规范化水平，提高服务质量和经营效益。

2. 促进线上线下融合发展

推进“互联网+流通”创新发展，充分发挥线上线下功能差异化优势，激发实体商业活力。增强批发零售业线上信息交互、在线交易、精准营销等功能，提升线下商品集散、真实体验、物流配送、售后服务等功能。推动吃住行及旅游、娱乐等生活性服务业在线化，促进线上交易和线下服务结合，提供个性化、便利化服务。鼓励会展、典当、拍卖等行业开展网上展示和交易，打造常态化交流对接平台。鼓励企业利用互联网平台优化配置社会资源，发展共享经济、协同经济、体验经济新模式。

3. 加快品牌发展

引导流通企业增强品牌意识，夯实品牌发展基础，培育名店、名师和名品，推动中国产品向中国品牌转变，促进品牌国际化，提升产品附加值和软实力。利用互联网技术加强品牌推广，提升品牌知名度、美誉度，增加品牌附加值。完善品牌服务体系，健全流通企业品牌认定、管理、评价和保护机制，加强老字号保护和传承，扶持老字号企业创新发展。

专栏 1　实体商业创新转型工程
零售业提质增效。以“贯标准、学先进、增技术、强服务”为主题，开展零售业提质增效专项行动，遴选一批行业标准、一批创新典型、一批适用技术，组织地方商务主管部门、行业协会、专业机构等通过各种形式，统筹各方力量，加大推广力度，带动企业优化业务流程、提升经营效率、提高服务水平。 商品交易市场转型升级。以流通现代化为方向，以信息技术和智慧物流为依托，加快商品交易市场信息化应用、定制化服务和平台化发展，提升商品交易市场供应链管理和服务能力，促进其布局优化、资源集聚和创新发展，拓展物流配送、产品追溯、电子商务、研发设计、展览展示等功能，形成一批转型升级绩效较好的百亿级专业市场和千亿级综合市场，建设一批平台化示范市场。 品牌促进。支持流通企业开展品牌创建、培育、宣传活动，推动老字号传承升级。鼓励流通企业设立品牌消费集聚区，扩大家电、服装、家纺、食品等品牌消费。支持流通企业以参股、换股、并购等形式与国际品牌企业合作，提升品牌国际化运营能力。

（二）提升流通供给水平

1. 扩大市场有效供给

发挥流通连接生产与消费的桥梁作用，及时反馈市场信息和需求变化，促进以需定产和供需匹配，提高供给结构对需求变化的适应性和灵活性。继续加强农超对接，积极开展农商互联，降低农产品流通成本。加强农产品供应基地建设，推动农业经营主体生产无公害、绿色、有机产品。大力发展生产资料现代流通方式，引导生产资料流通企业提高信息化水平，融入供应链管理，提高供给效率。引导企业开展个性化定制、柔性化生产，创新产品设计，提高产品质量，扩大中高端产品供给。健全市场协调管理机制，完善中央储备与地方储备、政府储备与商业储备相结合的应急商品储备体系。综合运用信息引导、企业采购、跨区域调运、储备投放、进口组织、限量供应、依法征用等方式，建立基本生活必需品应急保供机制，增强应急保供能力。

2. 推动服务功能创新

推进流通与工业、农业等融合发展。增强研发设计、金融服务、物流配送、供应链管理等生产性服务供给能力。积极开发人工智能新技术新服务，利用互联网平台，推动远程检测诊断、运营维护、技术支持、售后服务等服务新业态发展。提高会展业综合带动效应，进一步推动融资租赁、典当、拍卖、直销等行业健康发展，规范发展供应链金融。增强生活性服务业供给能力，提高生活性服务的便利化、精细化、品质化水平。

3. 完善基础设施布局

坚持去库存与补短板相结合，优化流通设施和载体供给结构。合理引导购物中心等大型商业设施建设，鼓励将闲置流通设施综合利用。支持跨区域农产品冷链物流设施和公益性农产品批发市场建设，完善重点农产品产地预选分级、综合加工配送、包装仓储、冷链物流、产品追溯等基础设施，引导农产品批发市场升级改造。支持国家重要商品储备库、公共仓储配送设施、农村邮政物流设施等流通设施建设。推进城市分拨中心、共同配送中心、末端共同配送点等设施标准化建设，构建畅通高效的城市物流网络。完善微利经营的流通设施建设保障制度，推进社区标准化菜市场、社区菜店、家政服务点、再生资源回收点等社区商业设施建设，提升社区服务水平。支持流通设施信息化改造，提高流通基础设施现代化和智能化水平。

（三）推动消费结构升级

1. 促进便民消费

提升居民生活品质，继续推进“15 分钟便民生活服务圈”建设，完善“一站式”便民服务功能，统筹建设和改造餐饮、洗染、美容美发、维修、文化、娱乐、休闲等生活性服务网点，促进网点功能多元化、综合化。推进电子商务进社区，整合线上线下社区服务资源，加强电子商务企业与社区商业网点融合互动，开展物流分拨、快递收取、电子缴费等服务，创建一批覆盖面广、服务好、可持续发展的智慧社区服务示范中心，促进社区生活性服务智能化、便利化。

2. 扩大服务消费

丰富文化、体育、旅游、健康、养老、教育培训等服务供给，开拓个性化、多样化服务消费市场。强化住宿餐饮业服务民生功能，推进住宿餐饮业连锁化、品牌化发展，挖掘大众化服务消费潜力。引导家政服务多元化发展，提升家政服务企业规模化、网络化、规范化水平，加强保育、护理、烹饪等人员培训，推进从业者职业化、专业化。大力发展养老服务，完善服务设施，加强服务规范，提升养老服务水平。推动服务方式创新，发展定制式服务，满足多样化消费需求。

3. 提升品质消费

推动消费品工业增品种、提品质、创品牌，发展中高端消费品，提升生活必需品品质。推动智能家电、智能汽车、生活服务机器人、可穿戴设备等智能化产品消费，积极拓展智能消费领域。开拓高端生活服务市场，提高服务质量和精细化水平，满足注重体验、崇尚品味的高品质服务需求。实行积极进口政策，降低部分日用消费品进口关税，开展国际消费中心城市建设试点，促进海外消费回流。

4. 推动绿色消费

支持企业开发绿色产品，推进标准体系建设，加快实施能效“领跑者”制度，引导流通企业开展绿色采购和绿色商品营销，扩大节能环保产品消费。制定流通领域节能环保技术产品推广目录，引导流通企业实施节能节水改造，推广应用高效节能节水设施设备。推进创建绿色商场、绿色饭店、绿色市场、绿色商业街区等。发展绿色物流，鼓励物流企业采用低能耗、低排放运输工具和节能型仓储设施，促进配送包装绿色化、标准化、减量化及循环利用。抑制一次性用品使用，继续执行塑料购物袋有偿使用和限制商品过度包装制度。大力发展循环经济，研究建立再生资源回收的生产者、销售者、消费者责任机制，加强生活垃圾分类回收与再生资源回收衔接，推广“互联网+回收”新模式。推动旧货行业发展，促进二手商品和库存积压商品流通。鼓励再制造企业建立再制造逆向物流体系，促进再制造产品消费。支持淘汰老旧汽车，加大黄标车淘汰力度。促进报废汽车回收拆解体系建设，完善二手车流通制度体系。

5. 促进安全消费

建设统一的重要产品追溯信息服务体系，形成全国上下一体、协同运作的重要产品追溯管理体制，推进食用农产品、食品、药品、农业生产资料等重要产品追溯体系建设。鼓励各地制定追溯体系建设的重要产品名录，探索以认证认可加强追溯体系建设，推动生产经营企业加快建设追溯体系。鼓励重要商场、电子商务平台等开展质量责任首负承诺，加强“入口管理”，提升对上游供应链的质量监管。推进追溯体系与互联网融合，开展重要产品流通安全物联网技术研究与示范，建立重要产品追溯大数据公共服务体系，完善追溯大数据分析和应用机制，实现对种植养殖、生产加工、销售和消费等不同环节追溯数据的互联互通。创新追溯体系建设市场化运作模式，鼓励建设消费者深度参与的双向互动追溯模式，提升重要产品追溯体系综合服务功能，促进安全消费、放心消费。

专栏2　消费升级重点工程
居民生活服务业转型发展。鼓励建设社区便民生活综合服务中心，打造“15分钟便民生活服务圈”。加强家政服务信息互联互通，探索养老服务产业化发展有效模式。推动住宿、餐饮等居民生活服务业转型发展。创新居民生活服务业线上线下融合的商业模式，促进共享经济发展，提升服务供给能力。 国际消费中心城市建设。支持北京、上海等若干具备条件的城市加快建设功能完备、服务优良、全球竞争力强的国际消费中心城市，建设一批集国际知名品牌体验、跨境电商等于一体的消费设施，落实境外旅客购物离境退税政策，打造世界级商圈，促进海外消费回流，提高全球消费集聚度。 再生资源回收模式创新。推广“互联网+回收”模式，鼓励企业利用移动终端和网站提供再生资源回收服务。构建以社区回收点、便利店、区域回收站和地区回收中心、智能回收设施等为基础，以再生资源信息服务平台为核心，以高效快捷的逆向物流系统为支撑的新型再生资源回收体系。 重要产品追溯体系建设。推进肉类、蔬菜、中药材、酒类等产品追溯体系建设，加强重点产品追溯信息服务体系建设，建立来源可追、去向可查、责任可究的全程可追溯体系。

（四）提高流通信息化水平

1. 推动流通企业信息化建设

支持流通企业加强信息化改造，推动移动互联、云计算、大数据、物联网、虚拟现实、人工智能和区块链等技术在流通领域的创新和应用。鼓励流通企业应用企业资源计划、供应链管理、客户关系管理、自动化配送等现代管理技术，提高采购、仓储、运输、订单等环节管理水平。鼓励流通企业与供应商、信息服务商加强合作，推动营销网、物流网、信息网有机融合。

2. 扩大商务领域大数据应用

整合资源，构建商务公共服务云平台，促进部门间信息资源开放共享，利用政府采购、服务外包等方式，推动第三方电子商务平台等机构开放数据资源，鼓励行业协会等中介组织参与数据采集，建立政府与社会紧密互动的大数据采集机制，形成全面系统的内贸流通综合数据平台。加强大数据在市场运行监测分析和预测预警中的应用，提高市场调控和公共信息服务的预见性、针对性、有效性。

3. 加快发展智慧流通

鼓励流通企业应用射频识别、传感器、卫星导航、智能投递等现代技术，建立智慧化仓储管理系统，发展自动化物流仓储中心；推动物流园区、仓储中心、配送中心建立智慧化物流分拨调配系统，加强人员、货源、车源和物流服务信息有效匹配，促进智慧物流发展。推进实体店铺数字化改造，增强店面场景化、立体化、智能化展示功能。支持城市商圈智能化改造，促进商圈内不同经营模式和业态优势互补、信息互联互通，构建线上线下融合发展的体验式智慧商圈。

专栏3　流通信息化建设工程
智慧商业计划。加快新型信息技术在商业领域应用，推动实体店铺数字化改造。鼓励各地基于信息技术培育一批多功能、多业态智慧商业街区，构建一批线上线下互动、在全国有影响力和带动力的体验式智慧商圈。 商务大数据应用。建立商务公共服务云平台，推进各地商务信息服务体系建设，实现部门、区域间商务数据交换制度化，实现信息共建共享。引导流通企业整合和开放数据，构建政府和社会互动的信息采集、共享和应用机制。充分运用大数据技术，改进市场运行监测和风险预警，并及时向社会发布相关信息，合理引导市场预期，促进供需匹配。

（五）加强流通标准化建设

1. 健全流通标准体系

制订内贸流通标准体系框架，加快构建国家标准、行业标准、团体标准、地方标准和企业标准相互配套、相互补充的内贸流通标准体系。从重点领域、重点行业、重点业态入手，制定一批内贸流通关键标准。推进流通基础设施、连锁经营、电子商务、商贸物流、农产品流通、药品流通、绿色流通、重要产品追溯体系等重点领域标准制修订。推进服务标准化，加快制定线上线下融合的服务标准，完善住宿餐饮、家政服务等行业服务标准。加大国际标准采标力度，积极参与国际标准制定，推进标准国际化进程。

2. 强化流通标准实施应用

建立政府引导、社会中介组织推动、骨干企业示范应用的流通标准实施应用机制。加强标准宣贯，结合流通基础设施、商贸物流、电子商务、流通大数据等重点工作，积极开展流通标准化示范，鼓励和支持更多地区和企业开展标准化应用项目。加快相关企业标准向行业标准、国家标准和国际标准转化。推动社会中介组织开展团体标准试点。

3. 完善流通标准管理

修订《商务领域标准化管理办法》及《流通行业标准制修订流程管理规范》，完善标准工作程序，缩短标准制定工作周期，提高标准立项和审批发布效率。建设和完善流通标准管理系统，实现标准查询、计划立项、制定修订、审批发布与复查审查等环节在线管理。加强对标准实施监督检查和跟踪评价，建立流通标准实施后评估机制。

专栏 4　流通标准化建设工程
商贸物流标准化。支持以标准托盘（1.2m×1.0m）及其循环共用为切入点，推动上下游物流设施的标准化更新与改造，带动供应链或区域范围内普及应用标准托盘，实施带盘运输。支持物流包装标准化、绿色化、减量化及循环利用，形成与标准托盘衔接联动的局面。支持仓储、加工、分拣、配送等流程服务标准化，推动单元化物流和供应链全程“不倒盘、不倒筐”。 农产品冷链物流标准化。开展肉类、水产品、果蔬等重点农产品冷链流通标准化示范，完善标准体系，规范设施建设和运营管理，提升农产品冷链物流标准化、信息化水平。

（六）促进流通集约化发展

1. 增强骨干流通企业竞争力

推动国有流通企业改革，发展混合所有制经济，实现股权多元化，完善企业治理结构，建立现代企业制度。鼓励优势企业兼并重组，跨地区、跨行业整合资源，培育一批有国际竞争力的大型流通企业集团。支持有条件的流通企业开展跨国经营，建设海外服务网络，提升全渠道竞争力。

2. 提升流通企业组织化程度

推动流通企业创新流通技术、商业模式、管理手段、经营业态，走专业化、特色经营的道路，提高组织化程度，提升核心竞争力。创新发展连锁经营，引导流通企业通过联合采购、共同配送、特许经营等方式，提高集约经营能力。研究建立流通创新示范基地，培育中小电子商务企业孵化器、众创空间等公共服务平台，完善中小企业公共服务体系。

3. 推动供应链创新与应用

引导流通企业加强供应链应用，优化供应链管理，加强资源整合，促进流程再造，提升企业协同的智能化、网络化、集约化水平，提高响应速度，降低经营成本。推动商品交易市场优化资源配置，对上下游企业提供采购、加工、分销、物流、信息等全程供应链服务。推动供应链服务企业创新发展，提供网络化、平台化服务，提高专业服务能力。鼓励流通企业融入全球供应链，增强全球采购、营销能力，向全球价值链高端跃升。

4. 有序发展平台经济

推进电子商务示范基地和产业园区建设，鼓励发展垂直类、专业类和行业类电子商务，引导电子商务企业拓展服务领域和功能。鼓励综合型和专业型产品交易平台、生活性服务平台、现代物流服务平台、社区综合服务平台等发展，促进资源集成和优化配置，实现供需有效匹配，促进产业融合和市场功能创新，推动共享经济快速规范发展。健全平台运营规则和标准，完善平台企业市场准入、管理制度，规范平台日常运营，加强事中事后监管。

专栏5　流通集约化建设工程
智慧供应链创新。鼓励企业加强供应链创新与应用，引导流通企业向供应链综合服务商转型。探索形成一批供应链示范城市和示范企业，形成一批供应链应用和服务标准，推动建设一批供应链创新公共服务平台，推动流通领域应用智慧供应链技术和管理。

（七）统筹区域城乡协调发展

1. 推动区域协调发展

促进区域差异化发展。支持东部地区内贸流通率先创新转型，提升流通现代化、国际化水平，发挥引领和辐射带动作用。鼓励上海、深圳等具备基础的城市探索建设智慧供应链示范城市。推动中西部地区和东北地区加强流通基础设施建设，提升流通枢纽和通道功能，利用互联网技术促进内贸流通转型升级。加大对老少边穷地区的支持，开展流通产业扶贫，完善流通服务网络，促进贫困群众共享发展成果。

推进大流通网络建设。加快环渤海、长三角、珠三角等流通产业集聚区发展。推进沈阳—长春—哈尔滨、郑州—武汉—长沙、成都—重庆、西安—兰州—乌鲁木齐、南宁—贵阳—昆明等流通产业集聚带建设。按照全国流通节点城市布局规划，加强区域衔接，提升流通节点城市产业服务、集散中转、集聚消费、应急保供等功能，构建畅通高效的全国骨干流通网络。

加快区域市场一体化。推进京津冀流通产业协同发展，统筹规划建设三地流通设施，促进共建共享，支持北京专业市场适度向河北、天津转移，加强三地市场监管协作，完善京津冀一体化流通网络。依托长江经济带综合立体交通走廊，加快推进长三角、长江中游和成渝商业功能区发展，建设若干区域性商贸中心和物流中心。支持长三角推进规则体系共建、创新模式共推、市场监管共治，流通设施互联、市场信息互通、信用体系互认，率先实现区域市场一体化，带动长江经济带市场一体化。深化泛珠三角区域合作，推动实施统一的市场规则，建设区域社会信用合作体系，构建区域大通关体制，促进泛珠三角区域统一市场建设。

2. 推进城乡协调发展

优化城市流通网络体系。加强城市商业规划，引导大型商业设施和社区商业网点优化布局。推动中心商圈提质升级，加强特色商业街区建设，提高资源整合能力和消费集聚水平。合理布局社区购物、餐饮、休闲、养老、家政、保健等业态，提升社区商业便利化、智能化水平。构建以中心商圈、商业街区为核心、以社区商业为基础的多层次城市流通网络体系。

加强农村流通体系建设。整合商务、供销、邮政等资源，加强农村商业网点建设。建设乡镇商贸中心，改造提升乡镇商品市场，发展中心村连锁直营店，构建超市进镇、连锁下乡、配送到村的农村市场体系。支持农村电子商务发展，鼓励农村商业网点信息化改造，推广农村商务信息服务，引导电子商务企业和物流企业下乡，完善农村电子商务配送网络，提高农村流通现代化水平。

畅通城乡双向流通渠道。统筹城乡流通基础设施建设，引导流通企业向农村延伸服务网络，提高流通设施利用效率和商业服务便利化水平，畅通工业品下乡渠道，丰富农民消费。完善农资流通网络，鼓励农资配送企业与专业合作社、种植大户、家庭农场等对接，推进农资配送中心建设，开展农资配送直供服务。推进全国农产品流通骨干网络建设，培育新型农业经营主体，推动发展农产品电子商务，畅通农产品进城渠道。建立以城带乡、城乡融合的流通发展机制，缩小城乡差距。

专栏 6　区域城乡流通网络建设工程
京津冀市场一体化建设。推动北京专业市场适度向河北、天津迁移。合理布局和建设京津冀物流园区、交通场站。加强三地市场监管协作，建立多层次沟通交流和对接机制，合力推进市场一体化建设。 电子商务进农村。继续开展电子商务进农村综合示范，实施农村电商百万英才计划，开展农村电商强县创建工作，加快电商服务站（点）建设，完善农村商贸物流体系，提高农产品网上销售比例，畅通农产品进城、工业品下乡渠道。健全农资流通体系，加快农资电商平台建设，推进“互联网+农资”发展，创新农资流通模式。 全国农产品流通骨干网络建设。支持产地集配中心、综合性加工配送中心等跨区域农产品流通基础设施建设，完善预选分级、加工配送、包装仓储、追溯服务等农产品供应链。推进公益性农产品市场体系建设，建设改造一批公益性的全国骨干农产品批发市场和区域性农产品批发市场。加强大宗农产品流通体系建设，培育流通主体，完善市场布局，创新管理手段，提高大宗农产品流通效率。推动形成布局合理、流转顺畅、安全高效的全国农产品流通骨干网络。

（八）加强对外开放合作

1. 积极有效利用外资

放开内贸流通领域外资准入限制，优化利用外资结构布局。引导外资投向现代物流、电子商务、生活性服务等领域，扩大对农村、社区流通基础设施投资，促进外资积极参与中西部及东北地区市场体系建设，推进中新（重庆）战略性互联互通示范项目实施。推动外资流通企业在中国建立跨国采购、营销、研发、结算等功能性区域中心，积极有效引进国外先进技术、管理经验、商业模式和知名品牌，提升利用外资综合质量。

2. 加快流通企业走出去

加强统筹引导，促进流通企业与制造企业集群式走出去，鼓励电子商务企业提高国际化经营能力。以“一带一路”沿线国家为重点，加快商贸物流型境外经贸合作区建设，推动国际产能合作。鼓励有条件的流通企业通过新建、并购、参股、合作等方式，建设境外营销、售后服务和仓储物流网络，推动国内流通渠道向境外延伸，构建全球布局的流通网络。加强信息服务和风险防范体制机制建设，完善走出去服务保障体系。

3. 推动国内外市场一体化发展

统筹推进发展现代流通和对外开放，促进国内市场规则体系与国际经贸规则对接互融，加快国内外市场一体化建设。积极推动汽车平行进口，鼓励流通企业运用电子商务等手段开拓国际市场，稳妥发展跨境电子商务。鼓励创建内外贸融合发展平台，打造一批具有国际影响力的大型展会，推动建设和改造特色边贸市场和跨境物流通道，培育一批内外贸结合、经营模式与国际接轨的商品交易市场，提供展示、交易、通关、物流、仓储、信息等服务。

（九）营造法治化营商环境

1. 完善流通领域法律体系

积极推动商品流通法立法进程，确立流通行业发展、流通基础设施建设、商品流通保障、流通秩序维护以及市场监管等基本制度。完善流通领域特种行业、特殊商品管理的法律制度，推动修订商业特许经营管理条例、直销管理条例，修改完善相关部门规章及政策性文件。推动电子商务、零售商供应商公平交易、农产品市场管理、报废机动车回收拆解、典当业等法律法规出台，研究制修订新车销售管理、二手车流通管理、原油成品油市场管理、重要产品追溯、无店铺零售业管理、商业网点规划建设等部门规章。开展内贸流通领域法规规章清理工作，及时修订和废止不适应发展实际的法律和政策性文件。坚持中央立法与地方立法相结合，鼓励地方在立法权限范围内先行先试。

2. 提高综合监管执法水平

深入推进综合行政执法体制改革，加强执法力量，科学合规设置执法层级，建立职责明确、行为规范、边界清晰、保障有力、运转高效的行政执法体制。建立健全跨部门、跨区域执法联动响应和协作机制，建立监管执法信息共享、案情通报制度，发挥联合监管执法作用。创新电子商务监管模式，健全消费者维权和交易争端解决机制。开展典当行业分类监管试点。加强知识产权保护，完善打击侵权假冒统筹协调机制，依法查处制售假冒伪劣商品等行为。整顿和规范市场流通秩序，加强特种行业和特殊商品管理，分层次有重点地开展专项治理活动。

健全举报投诉服务网络体系，严格执法程序，规范执法行为，完善行政执法和刑事司法衔接机制，明确案件移送标准和程序。加强执法监督与信息公开，落实执法责任追究制。加强市场监管部门与行业协会商会、专业机构的合作，引入社会化监督力量。加强执法队伍建设，严格落实执法人员持证上岗和资格管理制度。充分运用大数据等现代信息技术，提高综合监管执法水平。

3. 加强商务领域信用体系建设

落实《社会信用体系建设规划纲要（2014-2020 年）》，实施统一社会信用代码制度，推动各地建设流通企业信用信息系统，并与国家企业信用信息公示系统和全国信用信息共享平台实现信息共享。规范市场化综合信用评价机制，鼓励线上线下市场平台开展信用评价，在零售、餐饮等行业推动建立以交易信息为基础的企业信用评价机制。引导商品交易市场、物流园区及第三方电子商务平台等建立入驻商户信用评价机制。支持建立第三方信用评价机制，促进信用调查、信用评估、信用保险、商业保理等信用服务行业加快发展，创新信用产品和服务。鼓励行业协会商会建立会员企业信用档案，推动行业协会商会建立信用信息共享机制。将对企业作出的行政许可、行政处罚信息通过商务领域信用信息交换共享平台、国家企业信用信息公示系统、全国信用信息共享平台和“信用中国”网站等依法予以公示。在行政管理中依法使用流通企业信用记录和信用报告，对企业实施信用分类管理，为诚实守信企业提供便利化服务。建立健全企业经营异常名录、失信企业“黑名单”制度和跨部门联合惩戒机制。

4. 推进全国统一大市场建设

全面实施公平竞争审查制度，研究起草公平竞争审查实施细则，有序清理和废除妨碍全国统一市场、公平竞争的各种规定及做法。推动建立区域合作协调机制，鼓励各地就跨区域合作事项加强沟通协商。利用互联网和电子商务平台，促进商品、服务和要素自由流动。建立和完善反垄断常态化监管机制，加强经营者集中反垄断审查，加大对达成并实施垄断协议行为、滥用市场支配地位行为的查处力度，依法制止滥用行政权力排除、限制竞争的行为，维护市场公平竞争。

5. 提升行政服务便利化水平

转变政府职能，推进简政放权、放管结合、优化服务。深化行政审批制度改革，建立健全内贸流通行政管理权力清单、部门责任清单和市场准入负面清单，加强事中事后监管，完善退出机制。深入推进商事制度改革，积极推行“五证合一、一照一码”。实行个体工商户营业执照和税务登记证“两证合一”。加快推行电子营业执照，降低创业准入制度成本。优化政府服务，完善服务内容和服务机制，增加公共产品和公共服务供给，推行“互联网+政务服务”，提高政务服务效率和水平。

专栏 7　法治化营商环境建设工程
综合执法体系建设。加强商务执法能力建设，健全综合执法队伍，改善执法条件，合理安排执法装备配备。完善执法制度，规范执法行为，加强执法监督与信息公开，健全执法全过程记录制度。加强打击侵权假冒部门间协作，利用信息技术加强市场监管，依托国家数据共享交换平台，建成全国联网、上下贯通的打击侵权假冒行政执法与刑事司法衔接信息共享系统。完善 12312 举报投诉渠道，提高监管信息化水平和大数据利用能力，实行“互联网+商务执法”。 商务诚信体系建设。开展商务诚信体系建设试点，建成一批覆盖线上和线下企业的示范型信用平台，并与当地信用信息共享平台实现信息共享。建立配套工作制度、规范标准及协调机制，提供各具特色的企业综合信用评价、企业消费服务评价、企业交易履约评价等信用服务。完善守信激励和失信惩戒机制，形成跨地区、跨部门信用信息奖惩联动。

五、保障措施

（一）健全管理体制机制

坚持党总揽全局、协调各方的领导核心作用。提高内贸流通领域科学决策和科学管理水平，强化权力运行制约和监督体系，全面推行政务公开。健全内贸流通协调高效的管理体制，合理划分中央与地方政府权责，整合和优化各部门流通管理职责，创新政府协同管理模式。创新行业协会商会管理体制和运行机制，加快推动协会商会“去行政化”改革，建立政府与行业协会商会的新型合作关系。鼓励商会协会强强联合，开展行业自律，提高服务水平。规范和推进政府购买服务等公共服务提供方式，探索建立“市场机制指引，政府管理服务、社会协同共治”的内贸流通新型治理模式。

（二）加大财政金融支持

鼓励社会资本设立内贸流通发展产业（股权）投资基金，支持流通创新转型，促进实体经济发展。鼓励地方加大财政资金支持，培育新型农村流通主体，促进小微流通企业发展。引导社会资金投入，通过市场化运作方式，完善公益性流通设施投入长效机制，建立重要产品追溯体系长期性资金保障机制。

创新流通基础设施投融资体制，推广政府和社会资本合作（PPP）模式。鼓励流通企业采用投资基金、动产质押等多种方式融资，发挥典当、融资租赁、商业保理等相关行业的补充作用，多渠道筹集内贸流通发展资金，降低企业融资成本。稳步推广供应链金融，开展消费金融公司试点，鼓励金融机构创新消费信贷产品和服务模式。

（三）调整优化税费政策

落实减税政策措施，切实降低企业经营成本。落实“营改增”政策，推进消费税改革，落实境外旅客购物离境退税政策。营造线上线下企业公平竞争的税收环境。落实跨地区经营汇总纳税企业所得税征收管理办法。流通企业符合高新技术企业或技术先进型服务企业认定条件的，按规定程序认定后依法享受有关税收政策。

落实好普遍性降费政策，降低商户经营成本。落实工商用电同价，允许大型内贸流通企业参与电力直接交易，开展商业用户自主选择执行商业行业平均电价或峰谷分时电价试点。

（四）优化土地要素支撑

完善流通设施鼓励发展目录，优先保障农贸市场、乡镇商贸中心、家政、养老、再生资源回收等设施用地需求，落实新建社区（含廉租房、公租房等保障性住房小区、棚户区改造和旧城改造安置住房小区）商业和综合服务设施面积占社区总建筑面积的比例不低于10%的政策。保障国家重要商品储备库等公益性流通设施用地。节约集约利用土地资源，鼓励各类市场主体利用存量房产、土地资源发展现代流通业，在不改变用地主体、规划条件的前提下，可在5年内保持土地原用途、权利类型不变。对于涉及原划拨土地使用权转让或租赁、符合规划且划拨决定书或相关法律没有明确必须收回土地使用权的，经批准可采取协议方式办理有偿用地手续。完善大型商业设施开发预警机制，建立听证、通报等制度，依法加强流通业用地用途监管。

（五）推进人才队伍建设

构建科学的人才培养使用机制，推动流通领域学科建设，完善内贸流通理论体系。强化职业培训，充分利用线上线下教育资源，提倡校企联合，培养实用人才、专业技术人才，探索职业教育和培训服务新方式。加强人才引进，促进人才流动，鼓励引进海外专业技术人才。支持电子商务等各类流通领域创新创业大赛，发掘和培养优秀创业创新人才。鼓励地方政府通过购买服务方式，支持高校、电商协会、网商联盟等采取交流、培训等方式培养电子商务人才。加强干部培训，强化基层内贸流通管理队伍建设。

（六）完善统计监测体系

完善内贸流通统计指标体系，加强流通费用与成本调查，建立健全服务消费、电子商务等统计指标，完善流通相关的服务业统计，更好地反映内贸流通新行业、新业态、新模式发展情况。完善数据采集体系，运用新一代信息技术，采用企业直报、部门合作、社会采集等多种方式，构建涵盖政府数据和社会数据的内贸流通统计监测大数据平台。完善加工分析体系，加强数据深度挖掘和关联分析，研究内贸流通发展趋势和变化规律，完善景气指数，强化预测预警。完善信息发布体系，围绕社会公众信息需求，顺应信息传播移动化、社交化趋势，构建全方位、多层次的信息发布网络。

（七）落实规划推进机制

各地有关部门应明确职责分工，因地制宜制定本地内贸流通发展规划。强化依规行政的管理理念，研究建立科学的规划实施监督、评估和检查制度。在规划执行期间，如国际环境和国内形势出现重大变化，在深入调研的基础上，依照相关程序，适当调整规划预期目标。鼓励创新政策措施，开展政策试验试点，加强规划和政策的统筹协调。采取多种形式加强规划政策宣贯。

关于推动实体零售创新转型的意见

【发布单位】国务院办公厅

【发文字号】国办发〔2016〕78号

【发布日期】2016年11月11日

各省、自治区、直辖市人民政府，国务院各部委、各直属机构：

实体零售是商品流通的重要基础，是引导生产、扩大消费的重要载体，是繁荣市场、保障就业的重要渠道。近年来，我国实体零售规模持续扩大，业态不断创新，对国民经济的贡献不断增强，但也暴露出发展方式粗放、有效供给不足、运行效率不高等突出问题。当前，受经营成本不断上涨、消费需求结构调整、网络零售快速发展等诸多因素影响，实体零售发展面临前所未有的挑战。为适应经济发展新常态，推动实体零售创新转型，释放发展活力，增强发展动力，经国务院同意，现提出以下意见：

一、总体要求

（一）指导思想。全面贯彻党的十八大和十八届三中、四中、五中、六中全会精神和国务院决策部署，牢固树立创新、协调、绿色、开放、共享的发展理念，着力加强供给侧结构性改革，以体制机制改革构筑发展新环境，以信息技术应用激发转型新动能，推动实体零售由销售商品向引导生产和创新生活方式转变，由粗放式发展向注重质量效益转变，由分散独立的竞争主体向融合协同新生态转变，进一步降低流通成本、提高流通效率，更好适应经济社会发展的新要求。

（二）基本原则

坚持市场主导。市场是实体零售转型的决定因素，要破除体制机制束缚，营造公平竞争环境，激发市场主体活力，推动实体零售企业自主选择转型路径，实现战略变革、模式再造和服务提升。

坚持需求引领。需求是实体零售转型的根本出发点，要适应消费需求新变化，引导实体零售企业补齐短板，增强优势，扩大有效供给，减少无效供给，增强商品、服务、业态等供给结构对需求变化的适应性和灵活性。

坚持创新驱动。创新是实体零售转型的直接动力，要抢抓大众创业、万众创新战略机遇，加强互联网、大数据等新一代信息技术应用，大力发展新业态、新模式，进一步提高流通效率和服务水平。

二、调整商业结构

（三）调整区域结构。支持商业设施富余地区的企业利用资本、品牌和技术优势，由东部地区向中西部地区转移，由一二线城市向三四线城市延伸和下沉，形成区域竞争优势，培育新的增长点。支持商务、供销、邮政、新闻出版等领域龙头企业向农村延伸服务网络，鼓励发展一批集商品销售、物流配送、生活服务于一体的乡镇商贸中心，统筹城乡商业基础设施建设，实现以城带乡、城乡协同发展。

（四）调整业态结构。坚持盘活存量与优化增量、淘汰落后与培育新动能并举，引导业态雷同、功能重叠、市场饱和度较高的购物中心、百货店、家居市场等业态有序退出城市核心商圈，支持具备条件的及时调整经营结构，丰富体验业态，由传统销售场所向社交体验、家庭消费、时尚消费、文化消费中心等转变。推动连锁化、品牌化企业进入社区设立便利店和社区超市，加强与电商、物流、金融、电信、市政等对接，发挥终端网点优势，拓展便民增值服务，打造一刻钟便民生活服务圈。

（五）调整商品结构。引导企业改变千店一面、千店同品现象，不断调整和优化商品品类，在兼顾低收入消费群体的同时，适应中高端消费群体需求，着力增加智能、时尚、健康、绿色商品品种。积极培育世界级消费城市和国际化商圈，不断深化品牌消费集聚区建设，进一步推进工贸结合、农贸结合，积极开展地方特色产品、老字号产品“全国行”、“网上行”和“进名店”等供需对接活动，完善品牌消费环境，加快培育商品品牌和区域品牌。合理确定经营者、生产者责任义务，建立健全重要商品追溯体系，引导企业树立质量为先、信誉至上的经营理念，加强商品质量查验把关，用高标准引导生产环节品质提升，着力提升商品品质。

三、创新发展方式

（六）创新经营机制。鼓励企业加快商业模式创新，强化市场需求研究，改变引厂进店、出租柜台等传统经营模式，加强商品设计创意和开发，建立高素质的买手队伍，发展自有品牌、实行深度联营和买断经营，强化企业核心竞争力。推动企业管理体制变革，实现组织结构扁平化、运营管理数据化、激励机制市场化，提高经营效率和管理水平。强化供应链管理，支持实体零售企业构建与供应商信息共享、利益均摊、风险共担的新型零供关系，提高供应链管控能力和资源整合、运营协同能力。

（七）创新组织形式。鼓励连锁经营创新发展，改变以门店数量扩张为主的粗放发展方式，逐步利用大数据等技术科学选址、智能选品、精准营销、协同管理，提高发展质量。鼓励特许经营向多行业、多业态拓展，着力提高特许企业经营管理水平。引导发展自愿连锁，支持龙头企业建立集中采购分销平台，整合采购、配送和服务资源，带动中小企业降本增效。推进商贸物流标准化、信息化，培育多层次物流信息服务平台，整合社会物流资源，支持连锁企业自有物流设施、零售网点向社会开放成为配送节点，提高物流效率，降低物流成本。

（八）创新服务体验。引导企业顺应个性化、多样化、品质化消费趋势，弘扬诚信服务，推广精细服务，提高服务技能，延伸服务链条，规范服务流程。支持企业运用大数据技术分析顾客消费行为，开展精准服务和定制服务，灵活运用网络平台、移动终端、社交媒体与顾客互动，建立及时、高效的消费需求反馈机制，做精做深体验消费。支持企业开展服务设施人性化、智能化改造，鼓励社会资本参与无线网络、移动支付、自助服务、停车场等配套设施建设。

四、促进跨界融合

（九）促进线上线下融合。建立适应融合发展的标准规范、竞争规则，引导实体零售企业逐步提高信息化水平，将线下物流、服务、体验等优势与线上商流、资金流、信息流融合，拓展智能化、网络化的全渠道布局。鼓励线上线下优势企业通过战略合作、交叉持股、并购重组等多种形式整合市场资源，培育线上线下融合发展的新型市场主体。建立社会化、市场化的数据应用机制，鼓励电子商务平台向实体零售企业有条件地开放数据资源，提高资源配置效率和经营决策水平。

（十）促进多领域协同。鼓励发展设施高效智能、功能便利完备、信息互联互通的智慧商圈，促进业态功能互补、客户资源共享、大中小企业协同发展。大力发展平台经济，以流通创新基地为基础，培育一批为中小企业和创业者提供专业化服务的平台载体，提高协同创新能力。深化国有商贸企业改革，鼓励各类投资者参与国有商贸企业改制重组，积极发展混合所有制。鼓励零售企业与创意产业、文化艺术产业、会展业、旅游业融合发展，实现跨行业联动。

（十一）促进内外贸一体化。进一步提高零售领域利用外资的质量和水平，通过引入资本、技术、管理推动实体零售企业创新转型。优化食品、化妆品等商品进口卫生安全等审批程序，简化进口食品检验检疫审批手续，支持引进国外知名品牌。完善信息、交易、支付、物流等服务支撑，优化过境通关、外汇结算等关键环节，提升跨境贸易规模。鼓励内贸市场培育外贸功能，鼓励具有技术、品牌、质量、服务优势的外向型企业建立国内营销渠道。推动有条件的企业“走出去”构建海外营销和物流服务网络，提升国际化经营能力。

五、优化发展环境

（十二）加强网点规划。统筹考虑城乡人口规模和生产生活需求，科学确定商业网点发展建设要求，并纳入城乡规划和土地利用总体规划，推动商业与人口、交通、市政、生态环境协调发展。加强对城市大型商业网点建设的听证论证，鼓励其有序发展。支持各地结合实际，明确新建社区的商业设施配套要求，利用公有闲置物业或以回购廉租方式保障老旧社区基本商业业态用房需求。发挥行业协会、中介机构作用，支持建设公开、透明的商铺租赁信息服务平台，引导供需双方直接对接，鼓励以市场化方式盘活现有商业设施资源，减少公有产权商铺转租行为，有效降低商铺租金。

（十三）推进简政放权。推动住所登记改革，为连锁企业提供便利的登记注册服务，地方政府不得以任何形式对连锁企业设立非企业法人门店和配送中心设置障碍。进一步落实和完善食品经营相关管理规定。连锁企业从事出版物等零售业务，其非企业法人直营门店可直接凭企业总部获取的许可文件复印件到门店所在地主管部门备案。放宽对临街店铺装潢装修限制，取消不必要的店内装修改造审批程序。在保障公共安全的情况下，放宽对户外营销活动的限制。完善城市配送车辆通行制度，为企业发展夜间配送、共同配送创造条件。

（十四）促进公平竞争。健全部门联动和跨区域协同机制，完善市场监管手段，加快构建生产与流通领域协同、线上与线下一体的监管体系。严厉打击制售假冒伪劣商品、侵犯知识产权、不正当竞争、商业欺诈等违法行为。指导和督促电子商务平台企业加强对网络经营者的资格审查。强化连锁经营企业总部管理责任，重点检查企业总部和配送中心，减少对销售普通商品零售门店的重复检查。依法禁止以排挤竞争对手为目的的低于成本价销售行为，依法打击垄断协议、滥用市场支配地位等排除、限制竞争行为。充分利用全国信用信息共享平台，建立覆盖线上线下的企业及相关主体信用信息采集、共享与使用机制，并通过国家企业信用信息公示系统对外公示，健全守信联合激励和失信联合惩戒机制。

（十五）完善公共服务。加快建立健全连锁经营、电子商务、商贸物流、供应链服务等领域标准体系，从标准贯彻实施入手，开展实体零售提质增效专项行动，进一步提高竞争能力和服务水平。加强零售业统计监测和运行分析工作，整合各类信息资源，构建反映零售业发展环境的评价指标体系，引导各类市场主体合理把握开发节奏、科学配置商业资源。加快建设商务公共服务云平台，对接政府部门服务资源，发挥行业协会、专业服务机构作用，为企业创新转型提供技术、管理、咨询、信息等一体化支撑服务。鼓励开展多种形式的培训和业务交流，加大专业性技术人才培养力度，推动复合型高端人才合理流动，完善多层次零售业人才队伍，提高从业人员综合创新能力。

六、强化政策支持

（十六）减轻企业税费负担。落实好总分支机构汇总缴纳企业所得税、增值税相关规定。营造线上线下企业公平竞争的税收环境。零售企业设立的科技型子公司从事互联网等信息技术研发，符合条件的可按规定申请高新技术企业认定，符合条件的研发费用可按规定加计扣除。降低部分消费品进口关税。落实取消税务发票工本费政策，不得以任何理由强制零售企业使用冠名发票、卷式发票，大力推广电子发票。全面落实工商用电同价政策，在实行峰谷电价的地区，有条件的地方可以开展商业用户选择执行行业平均电价或峰谷分时电价试点。落实银行卡刷卡手续费定价机制改革方案，持续优化银行卡受理环境。

（十七）加强财政金融支持。有条件的地方可结合实际情况，发挥财政资金引导带动作用，对实体零售创新转型予以支持。用好国家新兴产业创业投资引导基金、中小企业发展基金，鼓励有条件的地方按市场化原则设立投资基金，引导社会资本加大对新技术、新业态、新模式的投入。积极稳妥扩大消费信贷，将消费金融公司试点推广至全国。采取多种方式支持零售企业线上线下融合发展的支付业务处理。创新发展供应链融资等融资方式，拓宽企业融资渠道。支持商业银行在风险可控、商业可持续的前提下发放中长期贷款，促进企业固定资产投资和兼并重组。积极研究通过应收账款、存货、仓单等动产质押融资模式改进和完善小微企业金融服务，通过创业担保贷款积极扶持符合条件的小微企业。

（十八）开展试点示范带动。支持有条件的地区完善政府引导推动、企业自主转型的工作机制，在财政、金融、人才、技术、标准化及服务体系建设等方面进行探索，推动实体零售创新转型。内贸流通体制改革发展综合试点城市要发挥先行先试优势，突破制约实体零售创新转型的体制机制障碍，探索形成可复制推广的经验。开展智慧商店、智慧商圈示范创建工作，及时总结推广成功经验，示范引领创新转型。

各地区、各部门要加强组织领导和统筹协调，加快研究制订具体实施方案和配套措施，明确责任主体、时间表和路线图，形成合力。商务部要会同有关部门加强业务指导和督促检查，综合运用第三方评估、社会监督评价等多种方式科学评估实施效果，推动各项任务措施落到实处。

关于推进商品交易市场转型升级的指导意见

【发布单位】商务部、国土资源部、住房城乡建设部、交通运输部、银监会

【发文字号】商建函〔2016〕755号

【发布日期】2016年9月13日

各省、自治区、直辖市、计划单列市及新疆生产建设兵团商务、国土资源、住房城乡建设、交通运输主管部门，各银监局、各国有大型银行、邮政储蓄银行：

商品交易市场（以下简称商品市场）是农产品、工业消费品和生产资料流通的重要载体，关系国民经济发展和居民日常生活。近年来，我国商品市场发展很快，成效显著。但同时，随着经济发展进入新常态，消费发生深刻变化，电子商务迅速崛起，商品市场发展出现很多不适应，面临新的机遇与挑战。为加快推进商品市场转型升级，发挥其引导生产、扩大消费的作用，促进经济增长，助力供给侧结构性改革，现提出以下意见。

一、总体要求

（一）指导思想。

深入贯彻党的十八大和十八届三中、四中、五中全会精神，按照“创新、协调、绿色、开放、共享”的发展理念，以流通现代化为方向，以信息技术和智慧物流为依托，提升商品市场供应链管理和平台化建设能力，促进其布局优化、资源集聚和创新发展，加快区域市场一体化建设，推动完善现代商品市场体系。

（二）基本原则。

1. 市场为主，政府引导。充分发挥市场机制作用，坚持以商品市场为主，增强转型升级的内生动力。加强政府规划、政策、标准等引导作用，维护市场秩序，营造良好环境。

2. 创新引领，分类施策。促进商业模式和服务创新，推动传统产

销体制改革，增强商品市场创新发展能力。因地制宜，分类施策，推进不同类型商品市场转型升级。

3. 统筹规划，协调发展。加快区域市场一体化建设，推动不同层级市场相互促进、共同发展。加强商品市场规划和区域衔接，促进资源共享和对外开放。

（三）发展目标。

商品市场信息化、标准化、集约化建设水平明显提高，供应链管理和平台化发展成效显著，多功能、多层级商品市场体系更加完善；到2020年，形成一批转型升级绩效较好的百亿级专业市场和千亿级综合市场，建设一批平台化示范市场。

二、重点方向

（一）信息化应用。利用现代信息技术，全面提升改造商品市场，为转型升级提供技术保障。完善信息基础设施，建设在线服务平台，拓展商品市场发展空间。应用信息最新技术，推动商品市场价值提升和创新发展。

（二）定制化服务。根据消费需求和商品类别，大力推进定制化服务，促进商品市场由商品集散向服务集聚转变。通过以销定产、以销定进，创新商业模式，降低商品库存，减少资金占用，节约经营成本。

（三）平台化发展。加强供应链管理与服务，推动商品市场平台化发展，促进资源集聚和优化配置。加快以商品市场为核心的平台经济发展，形成稳定的经济产业链和生态圈，为供给侧结构性改革提供支撑。

三、主要任务

（一）加强商品市场规划引导。

在全国范围内，推动京津冀、长江经济带等区域市场一体化建设，拓展面向周边国家的区域大市场，利用港域和边贸优势，形成内外联动的市场新格局。在区域范围内，商品市场规划应统筹考虑资源优势、消费能力和服务范围，适应城市发展要求，控制总量、盘活存量，推动实施大型市场规划听证、备案制度。积极推动城市中心区市场功能适度分离，在远郊区配套建设物流园区和加工配送中心。做好搬迁和承接地商品市场建设，保持原有商圈的整体性。推进商品市场兼并重组，促进功能转化和布局优化。

（二）全面推进信息化建设。

应用现代信息技术，对商品市场进行全面提升改造，为整合资源、提高效率、降低成本提供技术保障。加快与大型电子商务企业对接，建设电子商务产业园区，提供专业化技术服务。建立商品在线服务平台，加强数字化管理和大数据应用，促进线上线下融合互动。探索运用信息技术的最新成果，提升商品市场价值，拓展创新发展空间。优化金融服务体系，建立完善电子结算管理系统。整合公共服务信息资源，提高市场营运效率。加大对经营者技能培训，加强人才引进和培养，提高现代信息技术应用能力。

（三）大力发展智慧物流。

鼓励商品市场依托区位和资源优势，建设一批商贸物流中心、仓储基地和配送中心，引进、培育一批服务优质、运作高效的物流企业，完善运输、装卸、加工等流通设施建设，加快流通设施标准化应用，提高物流科技水平。鼓励建立统一规范的物流信息平台，优化配送流程，提高运行效率。利用新技术新设备，实现物流实时跟踪和可视化管理，增强物流安全性和精准性。鼓励商品市场与机场、车站、港口、仓储基地等建立长期稳定的合作关系，加强流通节点衔接，开展多式联运，进一步降低流通成本。

（四）加快提升综合服务能力。

巩固传统优势，培育新型功能，加快提升商品市场综合服务能力。倡导品牌营销，鼓励品牌自创，增强市场品牌孵化功能。建立完善诚信体系，加强知识产权保护，推进建设品质市场。搭建时尚创意平台，支持培育创意设计型企业，引领产业升级并创造消费。着力培育商品市场外贸功能，探索在具备条件的商品市场进行市场采购贸易方式试点，加快建设国际化商品采购基地。大力发展会展经济，提升商品市场展会影响力，组织参加国际性展览展示活动。提升商品市场管理水平，促进经营主体法人化，推动建立现代企业制度。扩大质量标准、信用评价、指数发布、货物融资、广告咨询、旅游休闲等增值服务，进一步增强商品市场核心竞争力。

（五）积极推行定制化服务。

加快培育创新主体，推动商业模式创新，大力开展商品市场定制化服务。鼓励农产品市场建立稳定的货源基地，积极开展农产品订单服务，提高组织化、规模化程度，引导农业结构调整和生产效率提高。鼓励工业消费品市场根据消费需求开展定制或轻定制服务，大力推行买手制并建立买手制专营店，解决商品低端过剩与高端不足的矛盾。鼓励生产资料市场加强与生产企业对接，开展大宗类商品预售服务；推动整合中小企业对大宗类商品的消费需求，将有效订单组织起来实现规模化按需生产。通过定制化服务推进以销定产、以销定进，稳定产销关系，减少社会库存，降低经营成本。

（六）实施平台经济发展战略。

鼓励商品市场掌握消费变化与趋势，开展商品供应分类管理，满足消费升级和多样化、个性化需求。推动商品市场与产业融合发展，促进产品质量提升，引导产业优化重组。以产品和产业链为基础，加强资源协调与优化配置，建立供应链管理服务模式。整合既有的平台资源，促进服务功能集成与高效，加快商品市场平台化发展。推动生产、流通和消费的全程集约化发展，形成稳定的产品和产业生态圈，实施以商品市场为核心的平台经济发展战略，为供给侧结构性改革提供支撑。

四、组织实施

（一）加强组织领导。各级商务主管部门要充分认识商品市场转型升级的重要性和紧迫性，会同有关部门建立转型升级工作机制，制定行动方案，明确职责分工，推动工作落实。要深入市场开展调研，加强工作指导，及时沟通协调，切实解决转型升级中的突出问题，为转型升级创造良好条件。

（二）落实发展规划。商务部牵头制定全国性和区域性商品市场一体化发展规划，地方商务主管部门牵头制定本行政区域的商品市场发展规划，其中涉及商品市场设施用地的内容应当符合城乡规划和土地利用规划。各地城乡规划主管部门在组织编制控制性详细规划时，要落实市场及配套设施建设要求，鼓励各地将商务主管部门吸收到城市规划委员会中。国土资源主管部门加强用地审核，积极保障符合要求的商品市场用地。

（三）加大政策支持。商务主管部门制定完善法律法规和规章，出台有关标准和规范，积极争取创新政策，有条件的地方应建立商品市场转型升级发展基金，优先支持转型升级示范市场发展。交通运输主管部门加强运输市场管理，鼓励为商品市场提供服务的物流企业开展甩挂运输和多式联运，提升物流组织效率。有关商业银行和邮政储蓄银行创新金融产品和服务，推动完善担保、质押和征信等服务模式，加大对诚信市场和经营者融资支持力度。

（四）开展典型示范。商务部会同有关部门制定全国商品市场转型升级绩效评价体系，组织审定一批全国性转型升级示范市场。各地商务主管部门要会同有关部门根据本地实际，指导创建一批转型升级典型市场，出台相关评价标准，审定一批区域性转型升级示范市场。结合行业实际，总结发展模式，开展经验交流和宣传推广，切实发挥示范引导作用。

（五）做好统计分析。各级商务主管部门要重点联系一批影响大、成效好、有潜力的商品市场，建立信息直报制度，持续做好信息统计工作，对重点商品市场经营情况和重要商品供需形势进行深入分析，加强趋势研判，掌握运行规律，为政府决策、行业发展和企业经营提供支撑。

（六）推动行业自律。充分发挥行业组织的作用，支持其制定行业标准和服务规范，建立行业诚信机制，协调解决信访投诉，组织开展培训，提供咨询服务，加强分析研究，做好宣传引导，防范市场风险，推动行业规范发展。

关于发挥品牌引领作用，推动供需结构升级的意见

【发布单位】国务院办公厅

【发文字号】国办发〔2016〕44 号

【发布日期】2016 年 6 月 10 日

各省、自治区、直辖市人民政府，国务院各部委、各直属机构：

品牌是企业乃至国家竞争力的综合体现，代表着供给结构和需求结构的升级方向。当前，我国品牌发展严重滞后于经济发展，产品质量不高、创新能力不强、企业诚信意识淡薄等问题比较突出。为更好发挥品牌引领作用、推动供给结构和需求结构升级，经国务院同意，现提出以下意见：

一、重要意义

随着我国经济发展，居民收入快速增加，中等收入群体持续扩大，消费结构不断升级，消费者对产品和服务的消费提出更高要求，更加注重品质，讲究品牌消费，呈现出个性化、多样化、高端化、体验式消费特点。发挥品牌引领作用，推动供给结构和需求结构升级，是深入贯彻落实创新、协调、绿色、开放、共享发展理念的必然要求，是今后一段时期加快经济发展方式由外延扩张型向内涵集约型转变、由规模速度型向质量效率型转变的重要举措。发挥品牌引领作用，推动供给结构和需求结构升级，有利于激发企业创新创造活力，促进生产要素合理配置，提高全要素生产率，提升产品品质，实现价值链升级，增加有效供给，提高供给体系的质量和效率；有利于引领消费，创造新需求，树立自主品牌消费信心，挖掘消费潜力，更好发挥需求对经济增长的拉动作用，满足人们更高层次的物质文化需求；有利于促进企业诚实守信，强化企业环境保护、资源节约、公益慈善等社会责任，实现更加和谐、更加公平、更可持续的发展。

二、基本思路

按照党中央、国务院关于推进供给侧结构性改革的总体要求，积

极探索有效路径和方法，更好发挥品牌引领作用，加快推动供给结构优化升级，适应引领需求结构优化升级，为经济发展提供持续动力。以发挥品牌引领作用为切入点，充分发挥市场决定性作用、企业主体作用、政府推动作用和社会参与作用，围绕优化政策法规环境、提高企业综合竞争力、营造良好社会氛围，大力实施品牌基础建设工程、供给结构升级工程、需求结构升级工程，增品种、提品质、创品牌，提高供给体系的质量和效率，满足居民消费升级需求，扩大国内消费需求，引导境外消费回流，推动供给总量、供给结构更好地适应需求总量、需求结构的发展变化。

三、主要任务

发挥好政府、企业、社会作用，立足当前，着眼长远，持之以恒，攻坚克难，着力解决制约品牌发展和供需结构升级的突出问题。

（一）进一步优化政策法规环境。加快政府职能转变，创新管理和服务方式，为发挥品牌引领作用推动供给结构和需求结构升级保驾护航。完善标准体系，提高计量能力、检验检测能力、认证认可服务能力、质量控制和技术评价能力，不断夯实质量技术基础。增强科技创新支撑，为品牌发展提供持续动力。健全品牌发展法律法规，完善扶持政策，净化市场环境。加强自主品牌宣传和展示，倡导自主品牌消费。

（二）切实提高企业综合竞争力。发挥企业主体作用，切实增强品牌意识，苦练内功，改善供给，适应需求，做大做强品牌。支持企业加大品牌建设投入，增强自主创新能力，追求卓越质量，不断丰富产品品种，提升产品品质，建立品牌管理体系，提高品牌培育能力。引导企业诚实经营，信守承诺，积极履行社会责任，不断提升品牌形象。加强人才队伍建设，发挥企业家领军作用，培养引进品牌管理专业人才，造就一大批技艺精湛、技术高超的技能人才。

（三）大力营造良好社会氛围。凝聚社会共识，积极支持自主品牌发展，助力供给结构和需求结构升级。培养消费者自主品牌情感，树立消费信心，扩大自主品牌消费。发挥好行业协会桥梁作用，加强中介机构能力建设，为品牌建设和产业升级提供专业有效的服务。坚持正确舆论导向，关注自主品牌成长，讲好中国品牌故事。

四、重大工程

根据主要任务，按照可操作、可实施、可落地的原则，抓紧实施以下重大工程。

（一）品牌基础建设工程。围绕品牌影响因素，打牢品牌发展基础，为发挥品牌引领作用创造条件。

1. 推行更高质量标准。加强标准制修订工作，提高相关产品和服务领域标准水平，推动国际国内标准接轨。鼓励企业制定高于国家标准或行业标准的企业标准，支持具有核心竞争力的专利技术向标准转化，增强企业市场竞争力。加快开展团体标准制定等试点工作，满足创新发展对标准多样化的需要。实施企业产品和服务标准自我声明公开和监督制度，接受社会监督，提高企业改进质量的内生动力和外在压力。

2. 提升检验检测能力。加强检验检测能力建设，提升检验检测技术装备水平。加快具备条件的经营性检验检测认证事业单位转企改制，推动检验检测认证服务市场化进程。鼓励民营企业和其他社会资本投资检验检测服务，支持具备条件的生产制造企业申请相关资质，面向社会提供检验检测服务。打破部门垄断和行业壁垒，营造检验检测机构平等参与竞争的良好环境，尽快形成具有权威性和公信力的第三方检验检测机构。加强国家计量基标准建设和标准物质研究，推进先进计量技术和方法在企业的广泛应用。

3. 搭建持续创新平台。加强研发机构建设，支持有实力的企业牵头开展行业共性关键技术攻关，加快突破制约行业发展的技术瓶颈，推动行业创新发展。鼓励具备条件的企业建设产品设计创新中心，提高产品设计能力，针对消费趋势和特点，不断开发新产品。支持重点企业利用互联网技术建立大数据平台，动态分析市场变化，精准定位消费需求，为开展服务创新和商业模式创新提供支撑。加速创新成果转化成现实生产力，催生经济发展新动能。

4. 增强品牌建设软实力。培育若干具有国际影响力的品牌评价理论研究机构和品牌评价机构，开展品牌基础理论、价值评价、发展指数等研究，提高品牌研究水平，发布客观公正的品牌价值评价结果以及品牌发展指数，逐步提高公信力。开展品牌评价标准建设工作，完善品牌评价相关国家标准，制定操作规范，提高标准的可操作性；积极参与品牌评价相关国际标准制定，推动建立全球统一的品牌评价体系，增强我国在品牌评价中的国际话语权。鼓励发展一批品牌建设中介服务企业，建设一批品牌专业化服务平台，提供设计、营销、咨询等方面的专业服务。

（二）供给结构升级工程。以增品种、提品质、创品牌为主要内容，从一、二、三产业着手，采取有效举措，推动供给结构升级。

1. 丰富产品和服务品种。支持食品龙头企业提高技术研发和精深加工能力，针对特殊人群需求，生产适销对路的功能食品。鼓励有实力的企业针对工业消费品市场热点，加快研发、设计和制造，及时推出一批新产品。支持企业利用现代信息技术，推进个性化定制、柔性化生产，满足消费者差异化需求。开发一批有潜质的旅游资源，形成以旅游景区、旅游度假区、旅游休闲区、国际特色旅游目的地等为支撑的现代旅游业品牌体系，增加旅游产品供给，丰富旅游体验，满足大众旅游需求。

2. 增加优质农产品供给。加强农产品产地环境保护和源头治理，实施严格的农业投入品使用管理制度，加快健全农产品质量监管体系，逐步实现农产品质量安全可追溯。全面提升农产品质量安全等级，大力发展无公害农产品、绿色食品、有机农产品和地理标志农产品。参照出口农产品种植和生产标准，建设一批优质农产品种植和生产基地，提高农产品质量和附加值，满足中高端需求。大力发展优质特色农产品，支持乡村创建线上销售渠道，扩大优质特色农产品销售范围，打造农产品品牌和地理标志品牌，满足更多消费者需求。

3. 推出一批制造业精品。支持企业开展战略性新材料研发、生产和应用示范，提高新材料质量，增强自给保障能力，为生产精品提供支撑。优选一批零部件生产企业，开展关键零部件自主研发、试验和制造，提高产品性能和稳定性，为精品提供可靠性保障。鼓励企业采用先进质量管理方法，提高质量在线监测控制和产品全生命周期质量追溯能力。支持重点企业瞄准国际标杆企业，创新产品设计，优化工艺流程，加强上下游企业合作，尽快推出一批质量好、附加值高的精品，促进制造业升级。

4. 提高生活服务品质。支持生活服务领域优势企业整合现有资源，形成服务专业、覆盖面广、影响力大、放心安全的连锁机构，提高服务质量和效率，打造生活服务企业品牌。鼓励社会资本投资社区养老建设，采取市场化运作方式，提供高品质养老服务供给。鼓励有条件的城乡社区依托社区综合服务设施，建设生活服务中心，提供方便、可信赖的家政、儿童托管和居家养老等服务。

（三）需求结构升级工程。发挥品牌影响力，切实采取可行措施，扩大自主品牌产品消费，适应引领消费结构升级。

1. 努力提振消费信心。统筹利用现有资源，建设有公信力的产品质量信息平台，全面、及时、准确发布产品质量信息，为政府、企业和教育科研机构等提供服务，为消费者判断产品质量高低提供真实可信的依据，便于选购优质产品，通过市场实现优胜劣汰。结合社会信用体系建设，建立企业诚信管理体系，规范企业数据采集，整合现有信息资源，建立企业信用档案，逐步加大信息开发利用力度。鼓励中介机构开展企业信用和社会责任评价，发布企业信用报告，督促企业坚守诚信底线，提高信用水平，在消费者心目中树立良好企业形象。

2. 宣传展示自主品牌。设立“中国品牌日”，大力宣传知名自主品牌，讲好中国品牌故事，提高自主品牌影响力和认知度。鼓励各级电视台、广播电台以及平面、网络等媒体，在重要时段、重要版面安排自主品牌公益宣传。定期举办中国自主品牌博览会，在重点出入境口岸设置自主品牌产品展销厅，在世界重要市场举办中国自主品牌巡展推介会，扩大自主品牌的知名度和影响力。

3. 推动农村消费升级。加强农村产品质量安全和消费知识宣传普及，提高农村居民质量安全意识，树立科学消费观念，自觉抵制假冒伪劣产品。开展农村市场专项整治，清理“三无”产品，拓展农村品牌产品消费的市场空间。加快有条件的乡村建设光纤网络，支持电商及连锁商业企业打造城乡一体的商贸物流体系，保障品牌产品渠道畅通，便捷农村消费品牌产品，让农村居民共享数字化生活。深入推进新型城镇化建设，释放潜在消费需求。

4. 持续扩大城镇消费。鼓励家电、家具、汽车、电子等耐用消费品更新换代，适应绿色环保、方便快捷的生活需求。鼓励传统出版企业、广播影视与互联网企业合作，加快发展数字出版、网络视听等新兴文化产业，扩大消费群体，增加互动体验。有条件的地区可建设康养旅游基地，提供养老、养生、旅游、度假等服务，满足高品质健康休闲消费需求。合理开发利用冰雪、低空空域等资源，发展冰雪体育和航空体育产业，支持冰雪运动营地和航空飞行营地建设，扩大体育休闲消费。推动房车、邮轮、游艇等高端产品消费，满足高收入群体消费升级需求。

五、保障措施

（一）净化市场环境。建立更加严格的市场监管体系，加大专项整治联合执法行动力度，实现联合执法常态化，提高执法的有效性，追究执法不力责任。严厉打击侵犯知识产权和制售假冒伪劣商品行为，依法惩治违法犯罪分子。破除地方保护和行业壁垒，有效预防和制止各类垄断行为和不正当竞争行为，维护公平竞争市场秩序。

（二）清除制约因素。清理、废除制约自主品牌产品消费的各项规定或做法，形成有利于发挥品牌引领作用、推动供给结构和需求结构升级的体制机制。建立产品质量、知识产权等领域失信联合惩戒机制，健全黑名单制度，大幅提高失信成本。研究提高违反产品质量法、知识产权保护相关法律法规等犯罪行为的量刑标准，建立商品质量惩罚性赔偿制度，对相关企业、责任人依法实行市场禁入。完善汽车、计算机、家电等耐用消费品举证责任倒置制度，降低消费者维权成本。支持高等院校开设品牌相关课程，培养品牌创建、推广、维护等专业人才。

（三）制定激励政策。积极发挥财政资金引导作用，带动更多社会资本投入，支持自主品牌发展。鼓励银行业金融机构向企业提供以品牌为基础的商标权、专利权等质押贷款。发挥国家奖项激励作用，鼓励产品创新，弘扬工匠精神。

（四）抓好组织实施。各地区、各部门要统一思想、提高认识，深刻理解经济新常态下发挥品牌引领作用、推动供给结构和需求结构升级的重要意义，切实落实工作任务，扎实推进重大工程，力争尽早取得实效。国务院有关部门要结合本部门职责，制定出台具体的政策措施。各省级人民政府要结合本地区实际，制定出台具体的实施方案。